# FESTIVAL

## Méthode de français 2
## Cahier d'exercices

Anne Vergne-Sirieys
Michèle Mahéo-Le Coadic
Sylvie Poisson-Quinton

CLE
INTERNATIONAL

**Crédits photographiques :**

| | | |
|---|---|---|
| 6 g | © | BIS/Archives Larbor |
| 6 m | © | BIS/Larbor |
| 6 d | © | BIS/Larbor |
| 9 g | © | CORBIS/SYGMA/B. Annebique |
| 9 d | © | BRIDGEMAN - GIRAUDON |
| 9 bas | © | CORBIS/R. Holmes |
| 16 ht g | © | BIS/Ph. Gribayedoff-Coll. Archives Larbor |
| 16 ht m | © | SIPA PRESS/Cinello |
| 16 ht d | © | BIS/Coll. Archives Larbor |
| 16 bas g | © | BIS/Coll. Archives Larbor |
| 16 bas m | © | BIS/Ph. Gribayedoff-Coll. Archives Larbor |
| 16 bas d | © | SIPA PRESS/Cinello |
| 18 | © | CORBIS/Eye Ubiquitous/Chris Bland |
| 24 | © | PHOTONONSTOP/J.C. & D. Pratt |
| 32 | © | SIPA PRESS/P. Saura |
| 37 g | © | TCD/ BOUTEILLER/Prod DB/ Oliane Productions-Tlma/DR |
| 37 d | © | TCD/ BOUTEILLER/Prod DB/Katharina-Renn Productions/DR |
| 38 | © | SIPA PRESS/EPA/Alejandro Ernesto |
| 62 | © | CHRISTOPHE L |
| 63 | © | BRIDGEMAN - GIRAUDON |
| 64 | © | AFP/Fred Dufour |
| 84 | © | LEEMAGE |

Direction éditoriale : Michèle GRANDMANGIN

Édition : Christine LIGONIE

Conception graphique, couverture : Anne-Danielle NANAME

Mise en pages : ALINÉA

Recherche iconographique : Nathalie LASSERRE

Illustrations : LE RENARD

Cartographie : Afdec

© CLE International / Sejer 2006 – ISBN 2 09 035 324 4

# Avant-propos

Ce cahier propose des activités complémentaires correspondant aux 24 leçons regroupées en 6 unités de Festival 2.

Ces activités permettent de travailler l'écrit et l'oral, tant la compréhension que l'expression, et d'approfondir les sujets de civilisation découverts dans le manuel.

**Chaque leçon comporte cinq ou six rubriques.**

• **Compréhension et expression orales** : les exercices proposent d'écouter des documents en relation avec le thème de la leçon. L'effort porte surtout sur la compréhension. L'expression orale fait également partie des exercices de civilisation.

• **Phonétique, rythme et intonation** : ces exercices aident à distinguer les sons du français, à repérer les principales difficultés de prononciation de la langue ou encore à s'entraîner à suivre le rythme de la phrase.

• **Phonie-graphie** : travail de transcription de l'oral, en particulier de l'oral standard, voire familier, à la langue écrite plus formelle.

• **Compréhension et expression écrites (vocabulaire)** : les exercices proposés portent sur la compréhension globale et la compréhension partielle d'un texte. Les activités d'écriture mêlent la rédaction de lettres, la reprise des manières de dire, des essais.

• **Grammaire** : les exercices reprennent chaque point étudié dans le manuel et complètent les exercices déjà proposés dans celui-ci.

• **Civilisation** : les activités liées à la civilisation sont réalisables à l'écrit ou à l'oral et permettent de travailler les différentes compétences. Les sujets abordés reprennent et élargissent les thèmes du manuel.

Ce cahier peut être utilisé en classe mais l'apprenant peut également l'utiliser, ainsi que le CD audio, en auto-apprentissage. La correction de tous les exercices et la transcription des enregistrements figurent dans un livret séparé.

# Paris en bateau mouche

## Compréhension et expression orales

**1** 🎧 **Complétez avec les mots que vous entendez.**

**1.** Du haut de la cathédrale Notre-Dame, on a une vue ........................... sur Paris.

**2.** Tous les ........................... sont priés de sortir du bateau.

**3.** Pour aller place de la Concorde, vous pouvez ........................... le jardin des Tuileries.

**4.** Si tu montes sur cette ........................... tu auras une ...........................! C'est compris?

**5.** ...........................! un grand verre de coca avec des glaçons, ce serait ...........................!

## Phonétique, rythme et intonation

**2** 🎧 **Écoutez et séparez les groupes de rythme par des barres; indiquez le nombre de syllabes par groupe. Puis répétez chaque phrase en respectant le rythme.**

*Exemple: Cette statue est magnifique. **Cette statue/est magnifique.***
        **1   2   3 / 1   2   3   4**

**1.** Je voudrais un caméscope ..................................................................

**2.** Je voudrais manger un bon steak frites! ..................................................................

**3.** Cette belle statue est très ancienne. ..................................................................

**4.** J'aimerais visiter le palais du Louvre. ..................................................................

**5.** Pardon, madame, les toilettes, s'il vous plaît? ..................................................................

**3** 🎧 **Entourez les phrases dans lesquelles vous entendez le son [ã].**

    1    2    3    4    5    6    7    8

## Compréhension et expression écrites

**4** **Complétez les vignettes avec les indications suivantes:**
   ***en haut – en bas – à gauche – à droite.***

**1.** Regarde ...........................  **2.** Regarde ...........................  **3.** Regarde ...........................  **4.** Regarde ...........................

**5** **Vous êtes guide et vous faites visiter le musée des Rois de France. Faites des phrases en utilisant : *en haut – en bas – à votre gauche – à votre droite – au fond*.**

*Le musée des Rois de France est un petit*

*musée de deux étages* ...............................

.......................................................................

.......................................................................

.......................................................................

.......................................................................

.......................................................................

.......................................................................

.......................................................................

.......................................................................

# Grammaire

**6** **Complétez les phrases en conjuguant les verbes suivants à l'impératif :**
***descendre – venir – passer – aller – répondre – écouter – ouvrir – prendre –***
***partir – mettre.* (Attention à la personne.)**

**1.** J'ai chaud ! S'il te plaît, ............................... la fenêtre.

**2.** ...............................-moi bien : ton train part à 16 h 14, quai n° 6. Tu as compris ?

**3.** Je suis presque prête ............................... me prendre dans dix minutes. Vous voulez bien ?

**4.** ............................... l'avion ; tu verras, c'est moins fatigant.

**5.** Je n'irai pas vous chercher, les enfants ! ............................... ici tout de suite !

**6.** Pierre ! Téléphone ! ..............................., s'il te plaît. Moi, je ne peux pas.

**7.** ............................... avec le petit, il a envie d'aller aux toilettes. C'est en bas.

**8.** Déjà huit heures ! Tu vas être en retard ! Allez, vite, ............................... ton manteau et ...............................!

**9.** Attention, tu vas tomber ! ............................... tout de suite !

**7** **Les mots interrogatifs sont mélangés : retrouvez leur place.**

**1.** – Tu as mal *comment* ?

– À la tête !

**2.** – On va *chez qui* ?

– La semaine prochaine.

**3.** – *Qu'est-ce que* vous mangez ce soir ?

– Chez personne ! Chez moi.

**4.** – *Quand* tu veux boire ?

– Je voudrais un grand verre de coca !

**5.** – C'était *combien* ?

– C'était merveilleux !

**6.** – C'est *où* ?

– Deux euros le kilo.

**8** **Complétez avec : *à la – au – aux – du – de la – des* ou *de*.**

Impossible de partir en vacances avec Stéphane ! En voiture, il a mal ............ tête ; en bateau, il a mal ............ ventre ; en avion, il a mal ............ cœur, et quand il marche il a mal ............ pieds ! Si on va à la plage, il a peur ............ vent et ............ vagues ; si on va à la montagne, il a peur ............ la neige et ............ froid et à la campagne, il a peur ............ bêtes. Si on visite un musée, il a besoin ............ faire pipi ; si on mange au restaurant, il a envie ............ se promener ; si on se promène, il a envie ............ s'asseoir !

# Civilisation

**9** **Lisez le texte puis répondez aux questions.**

## HENRI IV, LE VERT-GALANT

Henri de Bourbon est né à Pau, le 14 décembre 1553 ; c'est le fils d'Antoine de Bourbon et de Jeanne d'Albret, reine de Navarre (sud-ouest de la France). C'est un protestant. Pour réconcilier les catholiques et les protestants, il se marie le 18 août 1572 avec Marguerite de Valois (la reine Margot), la sœur du roi Charles IX. Plus tard, en 1593, il doit prendre la religion catholique pour devenir roi de France. Il est couronné le 24 février 1594 et prend le nom d'Henri IV.

Le 13 avril 1598, il signe l'édit de Nantes qui réconcilie les catholiques et les protestants. C'est la fin de trente ans de guerre civile. Henri IV veut reconstruire la France : il favorise l'agriculture, l'industrie et le commerce. Mais c'est surtout un grand bâtisseur : à Paris, le Pont-Neuf, la place Dauphine, la place Royale, l'hôpital Saint-Louis datent des années de son règne.

Henri IV ne vit pas longtemps avec sa femme Marguerite. Il adore les femmes et a de très nombreuses maîtresses. En 1599, il annule son premier mariage et se remarie avec Marie de Médicis, une Italienne. Le futur Louis XIII naît de ce mariage.

Le 14 mai 1610, Ravaillac, un catholique, assassine le roi. La France entière le pleure.

**1.** Comment s'appelle Henri IV avant de devenir roi de France ? .......................................................

**2.** Pourquoi Henri IV devient-il catholique ? .......................................................

**3.** Situez sur un plan de Paris les monuments construits par Henri IV.

**4.** Henri IV est le premier roi Bourbon ; qui est le deuxième ? .......................................................

**5.** Galant veut dire : qui aime bien les femmes ; un homme vert est un homme qui reste

jeune et fort. Pourquoi appelle-t-on Henri IV le Vert-Galant ? .......................................................

Henri IV

Marie de Médicis

Henriette d'Entragues

# Premier jour à la fac

## Compréhension et expression orales

**1** Que dites-vous dans ces situations ? Entourez l'expression (ou les expressions) qui convient (conviennent) et dites la phrase.

**1.** Vous avez oublié votre portable : Lucie, je peux *acheter – utiliser – écouter* ton portable ?

**2.** Un ami vous dit qu'il est fatigué : *C'est normal – C'est dur – C'est difficile* tu as marché toute la journée !

**3.** Vous avez aimé un film : Ce film, *c'était horrible ! – c'était vraiment pas mal ! – c'était dur !*

**4.** Vous n'arrivez pas à faire un exercice : *C'est dur ! – C'est intéressant ! – C'est merveilleux !*

## Phonétique, rythme et intonation

**2** 🎧 Dans chaque phrase, dites combien de fois vous entendez le son [ɛ̃].

phrase 1 : ............     phrase 2 : ............     phrase 3 : ............

phrase 4 : ............     phrase 5 : ............     phrase 6 : ............

## Phonie-graphie

**3** 🎧 Écoutez et complétez avec : *ain – aim – in – im – un – ien.*

**1.** Je voudrais ............ kilo de rais............

**2.** Marie aime b............ prendre le tr............

**3.** Tu n'as auc............ cop............ ?

**4.** Abdel est maroc............, n'est-ce pas ? Oui et Paola est f............landaise.

**5.** Je m'............scris à la fac dem............ mat............ à 9 heures.

**6.** Pour Lucas, c'est ............portant d'être ............dépendant.

**7.** Claire n'a pas f............, elle ne veut r.............

## Compréhension et expression écrites

**4** Barrez l'intrus.

**1.** dur – difficile – compliqué – intelligent

**2.** s'en aller – exagérer – partir – sortir

**3.** merveilleux – affreux – superbe – magnifique

**4.** bien entendu ! – mais enfin ! – naturellement ! – bien sûr !

# Grammaire

**5** **Trouvez la question qui correspond au groupe de mots soulignés.**

*Exemple : Je vais en cours de psycho <u>avec Louise</u>.* → *Avec qui vas-tu en cours de psycho ?*

**1.** Ils partent <u>dans trois jours</u>, je crois. → .....................................................................................

**2.** Le sony ? Il est <u>à Lucien</u> ! → .....................................................................................

**3.** Ce cadeau ? C'est <u>pour mes amis Garcia</u>. → .....................................................................................

**4.** <u>Oui, je m'en vais tout de suite</u>. → .....................................................................................

**5.** Je prends <u>une glace au chocolat</u>. → .....................................................................................

**6.** <u>Je ne sais pas encore</u>. Ou bien en Grèce ou bien en Espagne. → ....................................................

**6** **Transformez les questions suivantes.**

*Exemple : Comment tu fais la pizza ?* → *Comment est-ce que tu fais la pizza ?*

**1.** Vous avez combien d'heures de cours par semaine ? → ....................................................................

**2.** Pourquoi tu plaisantes toujours ? → .....................................................................................

**3.** Ils sont allés au palais du Louvre avec qui ? → ..........................................................................

**4.** Tu t'en vas où maintenant ? → .....................................................................................

**5.** On dîne dans combien de temps ? → .....................................................................................

**6.** Chez qui habitez-vous ? → .....................................................................................

**7** **Mettez les phrases suivantes à la forme affirmative.**

**1.** Je ne vois personne dans le square.

.................................................................................................................................................

**2.** Rien n'est intéressant dans ce musée. N'y va pas !

.................................................................................................................................................

**3.** Je n'aime pas beaucoup Guy ; en plus, il ne plaisante jamais !

.................................................................................................................................................

**4.** Je ne vais jamais à la fac le jeudi.

.................................................................................................................................................

**5.** Personne n'aime ce prof : il n'est pas bien, personne ne comprend ses cours.

.................................................................................................................................................

**8** **Dans le texte suivant, mettez les verbes qui sont au présent au passé composé.**

Aujourd'hui, Laura veut aller à la fac à bicyclette. Elle prend son sac, elle met son blouson et elle va au garage ; mais elle ne voit pas son vélo. Elle cherche dans le jardin, elle descend à la cave, elle regarde partout : rien ! Pas de vélo ! Pourtant, la semaine dernière, il était là, bien rangé à côté de la table de jardin. Elle revient dans le garage, mais ne voit pas son sac par terre. Elle marche dessus, elle tombe ! Elle se relève. Ouf ! Rien de cassé. Elle préfère rester à la maison. Quelle journée !

*Hier, Laura* .........................................................................................................................

.................................................................................................................................................

.................................................................................................................................................

# Civilisation

**9** 🎧 **Lisez et écoutez le texte puis répondez aux questions.**

## L'UNIVERSITÉ DE LA SORBONNE

Le nom de cette très vieille université vient de son fondateur : Robert de Sorbon. Elle date du XIII<sup>e</sup> siècle. C'est d'abord une école de théologie*, construite pour une vingtaine d'étudiants pauvres. Très vite, elle devient célèbre en Europe. Au XVII<sup>e</sup> siècle, entre 1627 et 1642, Richelieu, le premier ministre du roi Louis XIII, agrandit la faculté : on construit un grand amphithéâtre et une chapelle (une petite église) qui existe encore. Mais en 1791, après la Révolution française, l'université est fermée ; ce sont des peintres et des sculpteurs qui s'installent à la Sorbonne. Elle redevient université en 1821 ; on agrandit et on modernise les bâtiments de l'université pendant le XIX<sup>e</sup> et le XX<sup>e</sup> siècle.

L'université de la Sorbonne accueille maintenant 12 000 étudiants français et étrangers.

\* La théologie est l'étude de la religion.

**1.** Regardez un plan de Paris. Où se trouve la Sorbonne ?

.................................................................................................................

**2.** Un bâtiment célèbre est à côté de cette université, lequel ?

.................................................................................................................

**3.** Au XIII<sup>e</sup> siècle, qui étaient les étudiants de la Sorbonne ?

.................................................................................................................

**4.** Quel bâtiment de l'université montre qu'on enseignait la théologie à la Sorbonne ?

.................................................................................................................

le grand amphithéâtre

l'entrée

la chapelle

# Je la connais. C'est Léna !

## Compréhension et expression orales

**1** 🎧 **Complétez avec les mots que vous entendez.**

– Pour les vacances, je voudrais une petite ................... à la campagne, près d'une ................... .

– Toi ? Tu ................... !

– Non, j'aime être ..................., j'adore ..................., me promener, lire. Et toi, tu aimerais aller où ?

– Moi, je préfère la mer ; tous les ans, je vais dans un ................... en Bretagne. Je fais du bateau, je nage, je pêche des ................... .

– Eh bien ! Tu es une vraie ................... !

## Phonétique, rythme et intonation

**2** 🎧 **Imparfait ou passé composé ? Écoutez les phrases et cochez la bonne case.**

|                | 1 | 2 | 3 | 4 | 5 | 6 | 7 | 8 |
|----------------|---|---|---|---|---|---|---|---|
| imparfait      |   |   |   |   |   |   |   |   |
| passé composé  | ✗ |   |   |   |   |   |   |   |

## Compréhension et expression écrites

**3** **En changeant une lettre dans chacun des mots suivants, vous retrouverez des mots des leçons 1, 2 et 3.**

*Exemple : la raison → la maison*

**1.** sens → ...................

**2.** répandre → ...................

**3.** user → ...................

**4.** bêcher → ...................

**5.** rire → ...................

**6.** pur → ...................

**7.** tester → ...................

## Orthographe

**4** **Complétez avec : *ai – ais – ait – è – ê – ès – est – et – é – ez – ets – er.***

**a.** J'..... tr..... mal à la t.....te.

**b.** Vous av..... achet..... vos tick......

**e.** Avant, j'.....m..... bien p.....cher les crabes.

**f.** Je préf.....re .....tre avec mon fr.....re.

**c.** Il ét..... tout blond quand il ..... petit.    **g.** Sa m.....re ..... finland.....se et son p.....re ..... japon.....

**d.** C'..... un vr..... pl.....sir.    **h.** Si vous .....m..... march....., ven.....!

# Grammaire

**5** **Répondez aux questions en utilisant un pronom complément d'objet direct.**

*Exemple : Vous louez la maison pendant combien de temps ? (un mois)*
→ *Nous la louons pendant un mois.*

**1.** Avec qui vous faites la régate ? *(Sandrine et Hugo)*

.................................................................................................................................

**2.** Quand est-ce que tu commences les cours ? *(la semaine prochaine)*

.................................................................................................................................

**3.** Où est-ce que Léna a rencontré Nicolas ? *(à la fac)*

.................................................................................................................................

**4.** Tu vois la tour Eiffel ? *(très bien)*

.................................................................................................................................

**5.** Comment vous payez le voyage ? *(par carte bleue)*

.................................................................................................................................

**6** **Complétez avec les adjectifs possessifs qui conviennent.**

**1.** Je voudrais te présenter ............. amis Giraud. Nous les aimons beaucoup.

**2.** Élise et Antoine sont très contents : ............. nouvelle maison est près du centre ville, .............
enfants peuvent aller à pied au lycée et ............. voisins sont charmants.

**3.** Tu n'as rien oublié ? Tu as pensé à tout ? à ............. maillot de bain, à ............. serviette et à
............. lunettes de soleil ?

**4.** ............. chambre est au premier étage, Madame ; voilà ............. clé ; laissez ............. valises ici ;
quelqu'un les montera.

**7** **Dans chaque liste, un participe passé n'a pas la même terminaison que les autres.
Barrez l'intrus.**

**1.** naître – espérer – sympathiser – venir – écouter

**2.** pouvoir – avoir – descendre – comprendre – savoir

**3.** sortir – finir – ouvrir – partir – dormir

**4.** venir – mourir – tenir – courir – devenir

**8** **Complétez avec *être* ou *avoir*.**

**1.** Adèle ............. voyagé toute la nuit ; elle ............. arrivée ce matin, elle ............. montée dans sa
chambre et elle ............. descendue à midi !

**2.** Nous ............. fait du roller pour la première fois et nous ne ............. pas tombés.

**3.** Aurore s'............. dépêchée et elle ............. arrivée à l'heure à son rendez-vous.

**4.** Je n'............. pas vu Sébastien et Isabelle ; ils ............. sortis ?

**5.** Victor Hugo ............. vécu au XIXᵉ siècle ; il ............. né en 1802 et il ............. mort en 1885.

**9** **Marianne raconte sa matinée à Simon. Conjuguez les verbes entre parenthèses à l'imparfait ou au passé composé.**

Je *(arriver)* ................ à neuf heures à la plage ; il n'y *(avoir)* ................ pas beaucoup de monde :

deux enfants *(jouer)* ................ au ballon, un pêcheur *(ranger)* ................ sa canne, un jeune

homme *(se promener)* ................ le long de la mer. Pendant quelques minutes, j'*(regarder)*

................ les bateaux, puis je *(s'asseoir)* ................ sur le sable. Il ne *(faire)* ................ pas très

chaud, il y *(avoir)* ................ un peu de vent mais la mer *(être)* ................ superbe, le ciel tout

bleu ; alors j'*(avoir envie)* ................ de nager ; j'*(sortir)* ................ ma serviette, j'*(ranger)*

................ mon pull et mon pantalon dans mon sac et je *(entrer)* ................ dans l'eau très vite ;

elle *(être)* ................ un peu froide ; j'*(nager)* ................ jusqu'au grand bateau blanc et je *(revenir)*

................. Je *(sortir)* ................ de l'eau et j'*(courir)* ................ sur la plage pour me réchauffer.

Ensuite, je *(s'installer)* ................ et j'*(dormir)* ................ une vingtaine de minutes au soleil.

C'*(être)* ................ le paradis !

# Civilisation

**10** 🎧 **Écoutez et lisez le texte suivant puis répondez aux questions.**

## LES FRANÇAIS QUI NE PARTENT PAS EN VACANCES

Annie Favier, une mère de quatre enfants, fait partie des 25 % de Français qui ne partent pas en vacances. Elle a 45 ans, elle habite à Nantes ; la mer est tout près, mais les vacances coûtent trop cher : « La vie est dure, mais ce n'est pas la misère. Je compte et je recompte. »

Dans son enfance, Annie partait chaque été avec ses parents et ses frères et sœurs. Depuis son arrivée à Nantes, il y a 15 ans, elle a pu partir seulement deux fois en vacances pour une semaine. « La période des vacances scolaires, c'est dur quand on ne part pas. Les enfants rentrent, sortent, s'ennuient. J'ai peur pour le grand. Il pourrait faire des bêtises… Les vacances, ça devrait être obligatoire pour les gens qui ont des problèmes. On laisse les soucis à la maison. »

La semaine dernière, Annie a mis dix euros d'essence dans sa voiture et elle a offert une journée de plage à ses enfants à Saint-Brévin-les-Pins en Loire Atlantique.

« La mer, c'est mieux que la campagne pour les vacances. Ça fait du bien. Pendant une journée, j'ai oublié tous les problèmes. Je ne voulais pas y penser. Ce que j'ai préféré ce jour-là, ce sont les jeux, la joie des enfants. Quand on n'est pas à la maison, c'est plus facile de leur parler et de les écouter. Tout est agréable et plus simple. Je veux que les enfants voient autre chose que le quartier. Les vacances, ça sert aussi à ça. »

D'après un article de l'AFP.

**1.** Pour Annie, est-ce qu'on peut être en vacances en restant à la maison ? Et pour vous ?

...................................................................................................................................

**2.** Combien de Français ne partent pas en vacances ? Pourquoi ?

...................................................................................................................................

**3.** Qu'est-ce qui est difficile quand on ne part pas en vacances ?

...................................................................................................................................

**4.** Comme Annie, les Français préfèrent la mer à la campagne et la montagne.
Est-ce la même chose dans votre pays ?

...................................................................................................................................

# Coup de foudre sur l'autoroute

## Compréhension et expression orales

**1** Cornélia raconte à Anna comment elle a rencontré Charles. Regardez les vignettes et faites parler Cornélia. Utilisez le passé composé et l'imparfait.

Anna : Il s'appelle comment ?

Cornélia : Charles…

Anna : Et ça a été le coup de foudre ? Oh ! Raconte-moi…

Cornélia : Bon, voilà. J'étais avec une amie ...................................................

# Rythme, phonétique et intonation

**2** 🎧 **Écoutez et dites combien de fois vous entendez le son [r].**

phrase 1 : ............      phrase 2 : ............      phrase 3 : ............

phrase 4 : ............      phrase 5 : ............      phrase 6 : ............

# Phonie – graphie

**3** **Complétez avec *-r* ou *-rr-*.**

**1.** Ce t......ain est di......ect ; il ne s'a......ête pas.

**2.** C'est une ho......ible histoi......e !

**3.** C'était aff......eux ! J'ai eu t......ès peu......  !

**4.** Je p......éfè......e les g......ands ve......es.

**5.** Tu aime......ais pa......ti...... à Lond......es ?

**6.** Il a......ive à quat......e heu......es.

# Compréhension et expression écrites

**4** **Regardez ces panneaux. Qu'est-ce qu'ils indiquent ? Vous choisissez quel panneau quand :**

**a.** vous voulez marcher un peu, vous reposer.

**b.** vous avez besoin de prendre de l'essence.

**c.** vous devez payer l'autoroute.

**d.** vous avez envie de vous reposer, de manger.

**e.** vous avez un problème avec votre voiture.

**f.** vous cherchez l'autoroute.

1     2     3

4     5     6

**5** **Faites des phrases en utilisant les mots proposés. Conjuguez les verbes à l'imparfait ou au passé composé.**

*Exemple : reportage – coups de foudre – rédacteur en chef – content*
→ *J'ai fait un reportage sur les coups de foudre ; mon rédacteur en chef était content.*

**1.** autoroute – beaucoup – brouillard – s'arrêter – aire de repos

→ Il y avait ..............................................................................................

**2.** sympathiser – moniteur de ski – expliquer – bien – se fâcher – jamais

→ J'ai ......................................................................................................

**3.** devenir rouge – se mettre à rire – renverser – tout le monde – plateau – à la cantine – hier à midi

→ Julien .................................................................................................

**4.** participer – régate – hier – un bon vent – gagner – un voilier – une coupe en argent

→ Maud ..................................................................................................

**6** Lisez ces phrases et dites si *encore* exprime une idée de quantité ou une idée de temps.

**1.** Julie n'a que 13 ans ; elle est encore au collège. ........................................................

**2.** Je voudrais bien encore un peu de glace, s'il vous plaît. ........................................

**3.** Tu as encore ta robe de mariage ? ........................................................................

**4.** Vous serez encore là demain ? ..............................................................................

**5.** J'ai encore un exercice et après j'ai fini. ..............................................................

**6.** Si tu recommences encore une fois, je te donne une claque ! ........................................

# Grammaire

**7** Dites si les verbes soulignés sont pronominaux (p) ou non pronominaux (np).

**1.** Je te rappelle demain matin, on se voit mercredi et tu me raconteras tout ça. ...... / ...... / ......

**2.** Ne me cache rien : vous vous êtes rencontrés où ? Comment il s'appelle ? Vous allez vous marier ? ...... / ...... / ...... / ......

**3.** Tu veux bien t'en aller s'il te plaît ? J'ai besoin de me reposer un peu. ...... / ......

**4.** Bon ! Maintenant, tais-toi ! Tes plaisanteries ne m'amusent plus du tout. ...... / ......

**5.** Mon rêve s'est réalisé : il m'a écrit ! Il se souvient de moi ! ...... / ...... / ......

**8** Mettez les verbes entre parenthèses au passé composé.

**1.** Ils *(se rencontrer)* ........................... pendant les vacances, ils *(s'aimer)* ........................... le temps des vacances, et puis jamais ils ne *(se revoir)* ............................

**2.** Voilà ce qui *(se passer)* ........................... : Maria *(se cacher)* ........................... derrière les rideaux, et quand Lucas *(s'installer)* ........................... dans le canapé pour lire, elle *(s'approcher)* ........................... sans faire de bruit. Quand elle *(se trouver)* ........................... tout près de lui, elle *(crier)* ............................ Lucas *(avoir peur)* ............................ Il *(se fâcher)* ..........................., ils *(se disputer)* ........................... et finalement ils *(se quitter)* ............................

**3.** – Les filles, vous *(s'inscrire)* ........................... à la prochaine régate ?
– Non, on *(ne pas avoir envie)* ........................... : la dernière fois, on *(s'ennuyer)* ............................

# Civilisation

**9** 🎧 **Lisez les questions, écoutez la présentation de ces trois couples français célèbres puis répondez.**

Marie Curie

Marcel Cerdan

Victor Hugo

Juliette Drouet

Pierre Curie

Édith Piaf

**a.** Retrouvez les trois couples.

Victor Hugo et ....................................................................................................................

..........................................................................................................................................

..........................................................................................................................................

**b.** Un seul couple s'est marié; lequel? ..............................................................................

**c.** En France, on dit souvent que les plus belles histoires d'amour sont tristes; qu'est-ce qui est triste dans ces trois histoires?

..........................................................................................................................................

**d.** Y a-t-il dans votre pays des couples célèbres? Lesquels?

..........................................................................................................................................

# Je te raccompagne

## Compréhension et expression orales

**1** 🎧 **Écoutez les textes suivants et complétez.**

Studio aux Halles (Paris 1ᵉʳ)

aspects positifs : .................................................................................................................

aspects négatifs : *petit,* .....................................................................................................

Maison à Ancy-sur-Moselle

aspects positifs : ...............................................................................................................

aspects négatifs : ...............................................................................................................

**2** **Camille rêve d'un autre appartement ; faites-la parler.**

*J'aurais un grand appartement* ............................................................

.........................................................................................................................

.........................................................................................................................

.........................................................................................................................

.........................................................................................................................

.........................................................................................................................

.........................................................................................................................

.........................................................................................................................

.........................................................................................................................

.........................................................................................................................

.........................................................................................................................

.........................................................................................................................

## Phonétique, rythme et intonation

**3** 🎧 **Écoutez et cochez la bonne case.**

|  | 1 | 2 | 3 | 4 | 5 | 6 | 7 | 8 |
|---|---|---|---|---|---|---|---|---|
| J'entends [ɣɛ̃] comme dans m<u>ien</u> |  |  |  |  |  |  |  |  |
| J'entends [wɛ̃] comme dans c<u>oin</u> |  |  |  |  |  |  |  |  |

# Phonie-graphie

**4**  **Mettez un accent circonflexe (^) quand c'est nécessaire.**

**1.** Tu es prete ?

**2.** Votre bébé va bientot naitre ?

**3.** J'ai mal à la tete.

**4.** C'est la meme musicienne. J'en suis sur.

**5.** Ça va etre une belle fete.

**6.** Ce gateau, c'est le votre ?

**5**  **Dites pour quels mots l'accent circonflexe change la prononciation du mot.**

# Compréhension et expression écrites

**6**  **Voici une liste d'adjectifs pour caractériser des appartements, des maisons ou des quartiers. Classez-les en deux catégories : positifs ou négatifs. (Vous pouvez utiliser un dictionnaire.)**

*calme – affreux – moche – bruyant – joli – tranquille – sombre – pratique – éloigné de – vivant – petit – proche de – confortable – grand – ensoleillé – cher – sympa – lumineux*

| adjectifs positifs | adjectifs négatifs |
|---|---|
|  |  |
|  |  |
|  |  |
|  |  |

**7**  **Lisez cette annonce. Vous travaillez dans une agence immobilière et vous présentez cette villa\* de vacances à un client. Utilisez les adjectifs suivants : *calme – agréable – grand – confortable – ensoleillé – tranquille – pratique – proche de – bien orienté(e)...***

**Situation :**
15 km de Montpellier

**Villa :**
• Surface habitable : 168 m²
• 4 chambres
• 2 salles de bains
• 2 W.-C.
• une cuisine équipée (four, machine à laver...)
• un séjour (télévision, chaîne hi-fi, magnéto-scope)
• grande terrasse au sud

**À proximité :**
commerces à 500 m • piscine à 250 m • mer à 15 km • golf et tennis à 3 km • gare SNCF à 10 km • aéroport à 15 km

prix : 1 500 €/semaine

\* Une villa est une maison assez grande avec un jardin.

# Grammaire

**8** **Faites des phrases pour comparer Jérôme et Isabelle. Utilisez *le (la, les) même(s)* + nom ou *plus* + adjectif ou adverbe + *que* et les verbes *préférer, aimer mieux*.**

| Jérôme | Isabelle |
|---|---|
| **métier** : psychologue à Nantes (travaille du lundi au vendredi de 10 h à 18 h 30) <br> **âge** : 31 ans <br> **goûts** : cinéma (2 fois par semaine)/ discothèque (souvent) <br> **sports** : tennis (1 h par semaine) ; natation (2 h par semaine) <br> **voiture** : Peugeot 407 ; vieille | **métier** : psychologue à Tours (travaille du lundi au vendredi de 8 h 30 à 16 h 30) <br> **âge** : 31 ans <br> **goûts** : lecture/cuisine <br><br> **sports** : tennis (2 h par semaine) ; natation (3 h par semaine) <br> **voiture** : Peugeot 407 ; neuve |

**1.** (faire – métier/habiter – ville)

Jérôme et Isabelle font le même métier mais ils n'.................................................................................................

**2.** (commencer – tôt/finir – tard)

.............................................................................................................................................................................

**3.** (avoir – âge/sortir – souvent)

.............................................................................................................................................................................

**4.** (faire – sports/être – sportive)

.............................................................................................................................................................................

**5.** (avoir – voiture/être en panne – souvent)

.............................................................................................................................................................................

**9** **Complétez avec un pronom possessif.**

**1.** Nous avons trois enfants, comme José et Magdalena ; mais ............................. sont beaucoup plus calmes que ............................. Ils ont de la chance !

**2.** Je montre toujours mes photos de vacances à Maryse, mais elle ne me montre jamais ............................. Je ne trouve pas ça sympathique de sa part.

**3.** Aline, dépêche-toi, on s'en va. Je suis prête, j'ai mon manteau ; où est ............................. ?

**4.** Nous avons acheté un appartement dans le même immeuble que Sophie et Karim ; mais ............................. donne sur la rue et ............................. donne sur la cour. Moi, je préfère le calme.

**5.** – Ce n'est pas ma place ?

– Non, ............................. est là, Madame. C'est la 319 et vous êtes assise à la 317.

**6.** – On prend tous la même voiture ?

– Non, chacun prend ............................. ; c'est plus pratique pour rentrer.

# Civilisation

**10** **Lisez le document suivant puis répondez aux questions.**

## LES FRANÇAIS ET LEURS RÉSIDENCES SECONDAIRES : UNE VRAIE HISTOIRE D'AMOUR !

La France bat le record du monde en ce qui concerne le nombre de résidences secondaires par habitants. On en compte aujourd'hui plus de trois millions, ce qui représente 10 % du nombre total des logements.

Actuellement, un Français sur dix possède une résidence secondaire, les Franciliens (habitants de l'Île-de-France, de la région parisienne) étant les champions toutes catégories : 20 % d'entre eux en possèdent une. Ceci explique bien sûr les embouteillages monstres du dimanche soir !

Cet engouement des Français pour leur résidence secondaire a un prix… de plus en plus élevé. En effet, les prix ont doublé entre 1995 et 2005. Actuellement, ils tournent autour de 150 000 euros.

Dépense d'argent mais aussi de temps. En moyenne, on met de quatre à six heures pour retrouver le calme et la paix de sa maison de campagne dans laquelle on passera en moyenne 45 jours par an (les week-ends, les «ponts», les vacances).

Si les zones côtières sont les plus demandées (Provence-Côte d'Azur, Languedoc-Roussillon, Bretagne, Aquitaine…), toutes les régions connaissent un boom, en particulier parce que les acheteurs étrangers sont actuellement très nombreux, les Britanniques et les Hollandais en tête.

Alors, reste-t-il de bonnes affaires à faire ? Mais oui, la France est vaste et belle : il reste des régions moins connues et absolument ravissantes comme la Champagne, la Franche-Comté ou le Limousin où les prix sont encore abordables.

**1.** Vrai ou Faux ?

|  | Vrai | Faux |
|---|---|---|
| **a.** En France, il y a environ trente millions de logements. | ❑ | ❑ |
| **b.** 20 % des Parisiens passent tous les week-ends hors de Paris. | ❑ | ❑ |
| **c.** La Champagne est une région parmi les plus demandées. | ❑ | ❑ |
| **d.** Les Britanniques achètent beaucoup de maisons en France. | ❑ | ❑ |

**2.** Comment, sans chercher dans votre dictionnaire, pourriez-vous expliquer les expressions suivantes ?

**a.** un embouteillage monstre : ................................................................

**b.** les prix tournent autour de 150 000 euros : ................................................................

**c.** une zone côtière : ................................................................

**d.** faire une bonne affaire : ................................................................

**e.** un prix abordable : ................................................................

**3.** Cherchez sur une carte les régions suivantes : la Franche-Comté et le Limousin. À votre avis, pourquoi, dans ces régions, les prix sont encore abordables ?

................................................................

# Au marché aux puces : on chine

## Compréhension et expression orales

**1** Vous êtes vendeur et vous présentez les objets du tableau ci-dessous. Utilisez des expressions pour montrer que ce n'est pas très cher et des expressions pour attirer le client : *réfléchir – se laisser tenter – se faire plaisir.*

| objet | matière | époque | état | prix |
|---|---|---|---|---|
| 1. bureau | bois (acajou) | Louis XV (XVIIIe siècle) | un pied un peu abîmé | 250 euros |
| 2. luminaire | cristal et bronze | XIXe siècle | bon | 195 euros |
| 3. petite statue | marbre | 1930 | excellent | 80 euros |
| 4. service de 36 assiettes (plates, à soupe, petites) | porcelaine de Limoges | 1950 | seulement deux assiettes un peu abîmées | 225 euros |

**1.** *Ce bureau est une affaire ; il est en acajou et* _____

_____

**2.** _____

_____

**3.** _____

_____

**4.** _____

_____

## Phonétique, rythme et intonation

**2** 🎧 **Écoutez et cochez la phrase que vous entendez.**

**1. a.** Il y a beaucoup de gens. ❑      **b.** J'aime beaucoup Jean. ❑

**2. a.** Il l'a acheté ? ❑      **b.** Il l'a jeté ? ❑

**3. a.** Parle-moi de la Chine. ❑      **b.** Parle-moi de la gym. ❑

**4. a.** Chaque jeudi, Jacques est ici. ❑      **b.** Jacques, jeudi, vient ici. ❑

**5. a.** Qu'est-ce que tu as acheté ? ❑      **b.** Qu'est-ce que tu as jeté ? ❑

# Phonie-graphie

**3** **Complétez avec les lettres *g, ge* ou *j*.**

Nous avons un ......oli ......ardin

Du dernier éta......e, nous avons une ......olie vue.

Nous ne na......ons ......amais loin de la pla......e.

Ran......ez vos ......ouets, les enfants !

Tu exa......ères tou......ours !

Nous ne man......ons ......amais de froma......e.

# Compréhension et expression orales

**4** **À partir des verbes, formez des noms féminins.**

*Exemple : exagérer → une exagération*

fréquenter → ....................................

observer → ....................................

participer → ....................................

hésiter → ....................................

améliorer → ....................................

**5** **Formez des noms masculins.**

*Exemple : commencer → un commencement*

déménager → ....................................

déranger → ....................................

rapprocher → ....................................

changer → ....................................

renseigner → ....................................

**6** **Description d'un objet. Dans les annonces suivantes, relevez les expressions qui indiquent la matière, le prix et l'état des objets.**

**1.** Vends canapé en cuir état neuf – prix intéressant
Acheté 3 500 €, vendu 1 800 €

**2.** Bonne affaire
Service complet de 36 couverts en argent massif – excellent état
Prix sacrifié

**3.** Offre exceptionnelle
Très belles lampes anciennes en cuivre et en verre –
bon état de marche – RARE !
Prix élevé justifié

| objet | prix | état | matière |
|---|---|---|---|
|  |  |  |  |
|  |  |  |  |
|  |  |  |  |

# Grammaire

**7** **Complétez les phrases avec les pronoms relatifs *qui – que – qu'*.**

**1.** Le marché aux puces, c'est un endroit ............. est vivant et ............. Aline aime beaucoup.

**2.** – Tu as vu les verres en cristal ............. sont dans cette boutique ? Ce sont exactement ceux-là
............. je cherche !

**3.** – Où est le jouet ............. Aurore t'a acheté hier ?

– Celui ............. est en bois ?

– Oui, la petite voiture ............. a été trouvée aux Puces.

– Dans ma caisse de jouets.

**4.** – Le fauteuil en cuir ............. vous regardez est en très bon état.

– Celui ............. est juste devant moi ? Il coûte combien ?

**5.** – Tu veux bien me prêter une bande dessinée ?

– Bien sûr ! Prends celle ............. tu veux.

**8** **Avec les phrases suivantes, construisez une seule phrase avec deux pronoms relatifs.**

*Exemple : Nous avons visité un bel appartement. Nous voudrions bien acheter cet appartement.*
*Mais cet appartement coûte très cher.* → ***Nous avons visité un bel appartement que nous vou-***
***drions bien acheter mais qui coûte très cher.***

**1.** Simon est un journaliste ; Simon a 35 ans. J'ai rencontré Simon sur une aire d'autoroute.

→ ...............................................................................................................................

**2.** J'ai passé une soirée ; cette soirée était merveilleuse. Je n'oublierai jamais cette soirée.

→ ...............................................................................................................................

**3.** Nous passons maintenant sous le Pont-Neuf. Henri IV a fait construire ce pont. Ce pont est le
plus vieux pont de Paris.

→ ...............................................................................................................................

**4.** Montre-moi le service de verres. Tu as acheté ce service à la brocante. Ce service est en cristal.

→ ...............................................................................................................................

**9** **Accordez le verbe avec son sujet.**

**1.** C'est vous qui raccompagn............. Manon ou c'est nous qui la raccompagn............. ?

**2.** Toi qui fréquent............. les brocantes, dis-moi si je peux trouver des outils anciens.

**3.** C'est toujours moi qui répond............. et c'est toujours les mêmes qui ne dis............. rien.

**4.** Je le connais bien, ce quartier, moi qui vous parl............. !

# Civilisation

**10** 🎧 **Lisez et écoutez le texte. Puis répondez aux questions.**

## LA PORCELAINE DE LIMOGES

La fabrication de la porcelaine existe depuis long-temps en Chine; en France, elle naît seulement en 1771, quand on découvre le kaolin qui est une matière nécessaire pour faire de la porcelaine; au XIXe siècle, la porcelaine de Limoges devient célèbre et les fabriques se multiplient. Les formes et les décors de la porcelaine changent avec la mode: de 1800 à 1830, les formes et les décors sont de style néoclassique (ils copient les formes et les décors de l'Antiquité). De 1830 à 1850, c'est l'é-poque romantique; de 1850 à 1870, c'est «l'âge d'or» de la porcelaine: on fait des statues de fem-mes, des objets en porcelaine blanche, sans décora-tion. C'est ensuite la mode du «japonisme» et de «l'impressionnisme» jusqu'en 1900. À cette époque-là, les porcelainiers se spécialisent dans le service de table de qualité et de prestige. En 1940, la mode «art-déco» joue davantage avec la porcelai-ne: on voit des animaux en porcelaine et les objets sont plus décoratifs. Dans les années 1980, de grands restaurants ou des magasins de luxe demandent aux fabriques de porcelai-ne (les manufactures) de créer des modèles uniques.

La porcelaine de Limoges reste la vaisselle des chefs d'État, des rois, des princes; elle est aussi le symbole du bel art de vivre sur les tables du monde entier, riches ou moins riches.

**1.** Situez la ville de Limoges sur une carte de France; est-elle plutôt au nord ou au sud?

......................................................................................................................

......................................................................................................................

**2.** Pourquoi peut-on dire que la porcelaine de Limoges est un produit de luxe?

......................................................................................................................

......................................................................................................................

**3.** Pour un Français, de la vaisselle en porcelaine de Limoges, qu'est-ce que ça représente?

......................................................................................................................

......................................................................................................................

**4.** Dans votre pays, existe-t-il une ville ou une région célèbre pour sa porcelaine ou pour ses verres?

......................................................................................................................

......................................................................................................................

# Qu'est-ce qu'on fait à dîner ?

## Compréhension et expression orales

**1** Regardez la liste de Julien et faites-le parler avec l'épicier.

oignons (3)

ail (un peu)

lait (2 l)

gruyère râpé (200 g)

haricots verts (1 kg)

crème fraîche (1 pot)

Voyons, il me faut...

**2** Devinettes.

Je suis un légume tout petit, tout rond, tout vert ........................................................................................

Je suis un légume rond, d'abord vert et ensuite rouge ........................................................................

Je suis un fruit allongé, jaune et sucré ........................................................................................................

Je suis un énorme fruit vert dehors et rouge dedans ..........................................................................

## Phonétique, rythme et intonation

**3** 🎧 Comptez le nombre de syllabes à l'écrit pour chaque unité rythmique. Écoutez ensuite la même phrase et précisez le nombre de syllabes par unité rythmique.

*Exemple : Il y a du vin/à la cave. français écrit : 5/3 français parlé : 3/3*

**a.** Je voudrais juste/un renseignement.    français écrit : ............    français parlé : ............

**b.** Il n'y a pas de lardons/dans le frigidaire ?    français écrit : ............    français parlé : ............

**c.** Tu n'as pas oublié/le gruyère râpé ?    français écrit : ............    français parlé : ............

**d.** Je n'ai pas besoin d'aide,/merci.    français écrit : ............    français parlé : ............

# Phonie-graphie

**4** 🎧 **Écoutez et complétez avec *n'* seulement quand c'est nécessaire.**

– Alors, ces vacances aux Canaries, c'était comment ?

– On ...... est rentrés qu'hier. On ...... était tellement bien ! on ...... était qu'à cinq minutes de la plage, dans une maison très mignonne, très sympa. On ...... a pas vu le temps passer ! On ...... a visité plein d'endroits magnifiques, on s'est amusés comme des fous ! On ...... avait plus envie de revenir, mais bon ! On ...... avait pas le choix !

# Compréhension et expression écrites

**5** **Complétez le texte suivant avec les mots proposés. Conjuguez les verbes quand c'est nécessaire.**

*excellent – s'excuser – du saumon – frais – oublier – festin – prêt – dîner – cristal – avoir besoin – chocolat – comme – manger – une carafe – au moins – mettre la table – servir – fromage*

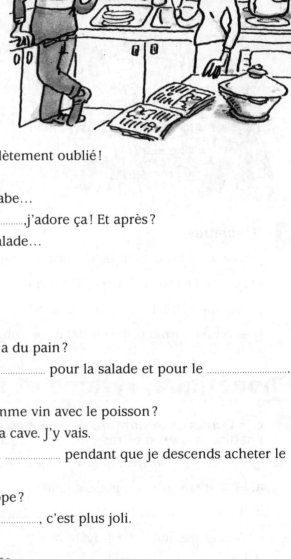

JEAN-MARC : Il y a quelque chose de bien à la télé ce soir ?

SONIA : Ce soir, il y a Denis et Cécile qui viennent ..................... !

JEAN-MARC : Oh là là ! ............... - ......, mais j'ai complètement oublié !
Euh… qu'est-ce qu'on fait à ........................... ?

SONIA : Une salade de pamplemousse avec du crabe…

JEAN-MARC : Ça, c'est une bonne idée ! C'est ..................... j'adore ça ! Et après ?

SONIA : Du ........................... avec du riz, de la salade…

JEAN-MARC : C'est long, non ?

SONIA : Ne t'inquiète pas, tout est ....................... .

JEAN-MARC : Et ..................... dessert ?

SONIA : Des profiteroles au ..................... .

JEAN-MARC : Mmmm ! Un vrai ..................... ! On a du pain ?

SONIA : Zut ! J' ..................... le pain ! J'en ...... ..................... pour la salade et pour le ........................... .
Il nous faut ...... ................. deux baguettes.
Dis-moi, qu'est-ce qu'on pourrait ................. comme vin avec le poisson ?

JEAN-MARC : Du vin blanc. J'ai un bon brouilly à la cave. J'y vais.

SONIA : OK mais après, tu pourras ................................. pendant que je descends acheter le pain ?

JEAN-MARC : Pas de problème ! Je mets quelle nappe ?

SONIA : La blanche. Et tu mettras le vin dans ..................... , c'est plus joli.

JEAN-MARC : Si tu veux. Et comme verres ?

SONIA : Ceux en ........................... À tout de suite.

# Grammaire

**6** Complétez avec un article défini *(le, la, l', les)*, un article indéfini *(un, une, des)* ou un article partitif *(du, de la, de l', des)*. Deux réponses sont parfois possibles.

**Au restaurant**

– Bonjour! Où voulez-vous vous installer?

– Il y a ............... place en terrasse?

– Vous avez ............... chance; j'ai juste ............... table libre! Vous prenez ............... apéritif?

– Non merci.

– Vous désirez ............... plat du jour?

– Aujourd'hui, ............... plat du jour, qu'est-ce que c'est?

– ............... bœuf braisé aux légumes et à la bière.

– Je n'aime pas beaucoup ............... bœuf.

– Attendez. Je vous donne ............... carte.

*(Un peu plus tard.)*

– Vous avez choisi?

– ............... petite question. Il y a ............... ail dans ............... tarte à l'aubergine?

– Non, avec ............... aubergines, il y a ............... oignons, ............... sel, ............... poivre, ............... tomates et ............... œufs.

– D'accord. Alors, comme entrée, je prendrai ............... tarte à l'aubergine, ensuite ............... saumon grillé avec ............... pâtes au basilic.

– Et comme boisson? ............... vin, ............... bière?

– Non merci; ............... eau.

– Vous prendrez ............... dessert ensuite?

– ............... café seulement, merci.

**7** Répondez par une phrase négative.

*Exemple: Vous avez déjà fait des crêpes? (ne... jamais) → **Non, je n'en ai jamais fait.***

**1.** Vous avez encore besoin de conseils? *(ne... plus)*
→ ...............

**2.** Tu mets un peu de lait dans la pâte à tarte? *(ne... jamais)*
→ ...............

**3.** Tu as encore des problèmes avec ta voiture? *(ne... plus)*
→ ...............

**4.** Vous avez ajouté un peu de sel dans la salade? *(ne... pas)*
→ ...............

**5.** Tu veux du café? *(ne... pas)*
→ ...............

**8** Retrouvez l'ordre dans les réponses.

**1.** Vous avez retrouvé des amis à Lille?     / revu/en/n'/ beaucoup.,/Je/ai/pas/non

...............

**2.** Je prends des haricots verts? Combien?     un kilo/Si/achètes/en/en/trouves./tu

...............

**3.** Je prends des petits fromages de chèvre au marché ?       s'/ en/trois./il/a,/en/y/prends/Oui,

..................................................................................................................................................................

**9** **Complétez avec *ce qui, ceux qui, ce que (qu')* ou *ceux que (qu').***

**1.** Sers-toi. Prends .................. te fait plaisir, .................. tu aimes ; tout est sur la table.

**2.** Souvent, .................. flânent ou .................. on voit assis aux terrasses des cafés observent tout

.................. se passe autour d'eux.

**3.** Je n'écoute plus tous .................. sont en train de parler de .................. ils ont vu, de .................. les a inté-

ressés, de .................. ils ont visité pendant leurs vacances. Moi, tout .................. je veux, c'est dormir !

# Civilisation

**10** **Lisez le document suivant (vous pouvez vous aider du dictionnaire) et répondez aux questions.**

## L'ÉGALITÉ DANS LA FAMILLE ET LE COUPLE : QUELQUES LOIS ET QUELQUES DATES

**1792** Loi sur le mariage civil et le divorce : les époux sont égaux et peuvent divorcer par consentement mutuel[1].
**1804** Article 213 du code civil : « La femme doit obéissance à son mari. » Le droit de divorcer par consentement mutuel est supprimé.
**1881** Une femme peut ouvrir un livret de caisse d'épargne[2] sans l'autorisation de son mari.
**1884** Loi Naquet : elle permet le divorce, mais pas le divorce par consentement mutuel.
**1907** Les femmes mariées ont le droit de disposer librement[3] de leur salaire.
**1938** La femme ne doit plus obéissance à son mari. Mais le mari peut interdire à sa femme de travailler (avoir une profession). Le mari est le chef de famille : c'est lui qui a l'autorité sur les enfants.
**1946** Principe de l'égalité des droits entre hommes et femmes dans tous les domaines. (Constitution de la IVe République).
**1965** La femme peut travailler sans l'autorisation de son mari.
**1970** Les deux époux ont l'autorité sur les enfants.
**1975** Les époux peuvent divorcer par consentement mutuel.

1. Le consentement mutuel : les deux époux sont d'accord.
2. Ouvrir un livret de caisse d'épargne : avoir un compte en banque.
3. Disposer librement de quelque chose : utiliser quelque chose comme on en a envie.

**1.** Vrai ou faux ? La loi de 1792 est moins égalitaire que la loi de 1804. Citez deux phrases pour justifier votre réponse.

..................................................................................................................................................................

..................................................................................................................................................................

**2.** Qui gouvernait la France en 1804 ?

..................................................................................................................................................................

**3.** Quelles lois montrent que la femme prend plus d'importance dans la société (comme sujet économique) ?

..................................................................................................................................................................

**4.** Dans votre pays, quelles sont les lois pour l'égalité entre les hommes et les femmes ?

..................................................................................................................................................................

# Mettez-la au four trente minutes

## Compréhension et expression orales

**1** 🎧 **Écoutez la recette du saucisson chaud aux lentilles et complétez le texte avec les verbes proposés. (Conjuguez les verbes à l'impératif si c'est nécessaire.)**

*ajouter – baisser – bouillir – couper – couvrir – cuire – disposer – égoutter – émincer – éplucher (2 fois) – faire – fondre – laisser – laver – mettre – piquer – poivrer – revenir – saler – servir*

### Saucisson chaud aux lentilles
Pour 6 personnes
2 saucissons de Lyon pistachés
250 g de lentilles vertes
30 g de beurre
1 carotte
1 oignon rouge
2 échalotes
sel, poivre

*Épluchez* la carotte, ............-la en morceaux, ............ aussi l'oignon et l'échalote. ............ les lentilles, ............-les dans une casserole avec l'oignon et la carotte, ............-les d'eau froide et faites ............. Après, ............ le feu et laissez ............ 30 minutes à feu doux.

............ les saucissons avec une fourchette et ............-les cuire 20 minutes dans une casserole d'eau. Ensuite, ............-les.

............ les échalotes. Faites ............ le beurre dans une cocotte et faites ............ les échalotes. ............ ensuite les lentilles et les saucissons.

............, ............, et ............ cuire à feu doux 15 minutes.

............ sur un plat chaud avec quelques feuilles de salade et ............ tout de suite.

## Phonétique, rythme et intonation

**2** 🎧 **Barrez les *e* qu'on n'entend pas et indiquez les liaisons.**
**1.** On fait revenir les haricots avec les oignons ?
**2.** Tu ne sales pas les œufs ?
**3.** De la crème, mets-en seulement une cuillère.
**4.** Prends au moins un kilo de tomates !
**5.** Maintenant, verse le mélange dans un moule.

# Phonie-graphie

**3** **Complétez avec *en* ou *an*.**

**1.** J'ai march......dé pendant un long mom......t ce saladier en arg......t ; le v......deur ...... voulait c......t cinqu......te euros ; je l'ai eu pour c......t tr......te euros.

**2.** – Je peux vous dem......der ......core un r......seignem......t ?

– Naturellem......t.

– Comm......t s'appelle ce bâtim......t, là, juste dev......t ?

– Le Gr......d Palais.

# Compréhension et expression écrites

**4** **Dans la recette suivante, trouvez les mots qui veulent dire :**

**1.** Enlever la peau d'un légume ou d'un fruit (deux mots) : ......................................

**2.** Mettre la pâte dans un plat à tarte : ......................................

**3.** Mettre du sel et du poivre : ......................................

**4.** Couper en fines tranches : ......................................

**5.** Mettre au four : ......................................

La Pichada : plat traditionnel des vieux pêcheurs du port de Menton dans le sud de la France.

Épluchez les oignons, émincez-les et faites-les revenir à l'huile d'olive. Pelez les tomates, coupez-les en morceaux et ajoutez-les aux oignons. Assaisonnez et laissez cuire.

Garnissez une tourtière avec la pâte à tarte.

Versez la préparation dessus et disposez les anchois en losanges. Dans les losanges, alternez les gousses d'ail non épluchées et les olives noires. Versez dessus l'huile d'olive et enfournez, thermostat 7. Laissez cuire 40 minutes.

# Grammaire

**5** **Répondez en utilisant un pronom personnel (*le, la, les* ou *en*).**

*Exemple : Je prends six œufs ? (une douzaine) → Non, prends-en une douzaine.*

**1.** Je prépare la salade maintenant ? *(juste avant le dîner)*

→ ......................................

**2.** Je mets trois cuillères de farine ? *(seulement une)*

→ ......................................

**3.** J'achète une bouteille de vin ? *(plutôt deux)*

→ ......................................

**4.** J'invite M. et Mme Sarion demain ? *(la semaine prochaine)*

→ ......................................

**5.** Je fais des haricots verts à midi ? *(ce soir)*

→ ................................................................................................................................

**6** **Complétez les phrases suivantes.**

*Exemple :* (prêter) *Patrick, j'ai besoin de tes clés, tu me les **prêtes** ?*

**1.** *(raconter)* Je voudrais connaître l'histoire de votre rencontre, vous ........................................ ?

**2.** *(acheter)* Maman, j'ai envie de cette bande dessinée, tu ........................................ ?

**3.** *(louer)* J'adore ton appartement, tu ........................................ ?

**4.** *(montrer)* C'est vrai ? Vous avez un tableau de Renoir ? vous ........................................ ?

**5.** *(acheter)* Si je vous fais les quatre fauteuils en cuir à 350 €, vous ........................................ ?

**7** **Complétez avec *laisser* ou *faire*. Conjuguez le verbe si c'est nécessaire.**

**1.** S'il te plaît, tu peux ........................................ chauffer le four ?

**2.** Les enfants s'amusent bien ; on les ........................................ jouer encore un peu, non ?

**3.** La tarte est brûlante, ne la mange pas tout de suite ; ........................................-la refroidir un peu.

**4.** Si tu veux ........................................ refroidir les légumes, mets-les dans l'eau froide !

**5.** Il est tard ; il faut ........................................ dormir les enfants maintenant.

**6.** Ils ont ........................................ construire leur maison par une entreprise de la région.

**8** **Passage du code oral au code écrit. Réécrivez les phrases en enlevant le pronom souligné.**

*Exemple : Le prix des tasses en porcelaine, tu l'as demandé ?*
→ ***Tu as demandé le prix des tasses en porcelaine ?***

**1.** J'en rêve, de la voiture de Steve !

→ ................................................................................................................................

**2.** Vous en voulez encore un peu, de la salade ?

→ ................................................................................................................................

**3.** Son passeport, il l'a enfin retrouvé ?

→ ................................................................................................................................

**4.** La quiche, on la laisse cuire combien de temps ?

→ ................................................................................................................................

**5.** Vous les avez mis où, mes outils ?

→ ................................................................................................................................

# Civilisation

**9** 🎧 **Lisez et écoutez le texte suivant, puis répondez aux questions.**

## LA SEMAINE DU GOÛT

Le 15 octobre 1990, Jean-Luc Petitrenaud, qui est un journaliste gastronomique français connu, propose la première journée du goût sur la place du Trocadéro à Paris : 350 chefs cuisiniers donnent leurs premières leçons de goût. Quelle est l'idée de ce journaliste ? Il veut éduquer les consommateurs, surtout les jeunes, faire connaître des goûts et des saveurs, donner une information claire au grand public sur l'origine des aliments, leur qualité. Il veut aussi améliorer les comportements alimentaires.

En 1992, la journée du goût devient « la semaine du goût ». 1 200 chefs donnent des leçons de goût à 30 000 élèves. En 2000, 83 % des Français connaissent « la semaine du goût ». En 2003, le ministère de l'Agriculture devient partenaire de « la semaine du goût » et l'événement « Autour du goût » accueille 12 000 visiteurs dans les jardins du Sénat. En 2004, le thème est « laissons-nous surprendre » : dans les restaurants partenaires, les chefs dévoilent leurs étonnants desserts… « La semaine du goût » est devenue un événement national et le grand public peut découvrir le patrimoine culinaire français chaque année en octobre.

Que se passe-t-il pendant la semaine du goût dans toute la France ?

De nombreux chefs cuisiniers vont dans les écoles et donnent des leçons de goût aux élèves. De grands restaurateurs font découvrir des mariages étonnants entre des plats salés ou sucrés et des vins français

Pendant deux jours, de grands chefs cuisiniers s'installent dans une ville et font découvrir gratuitement à un public passionné la grande cuisine française.

**1.** Qui participe à la semaine du goût ?

.................................................................................................................................

**2.** La semaine du goût est un moment agréable, mais elle sert surtout à quoi ?

.................................................................................................................................

**3.** Relevez quatre expressions qui montrent que la semaine du goût a du succès en France.

.................................................................................................................................

**4.** Dans quelle ville de France aimeriez-vous aller à « la semaine du goût » ? Pourquoi ?

.................................................................................................................................

# Elle se marie samedi

## Compréhension et expression orales

**1** 🎧 **Écoutez et cochez la bonne réponse.**

1. Pauline va mettre une robe longue en soie grise. ❑
2. La soirée à laquelle elles sont invitées est assez élégante. ❑
3. L'ensemble de la deuxième jeune fille est rose. ❑
4. Un ensemble et un tailleur, c'est la même chose. ❑
5. La deuxième jeune fille a acheté des chaussures Prada. ❑

**2** **Décrivez ces deux meubles. Imaginez à qui ils appartiennent et à quoi ils servent.**

.............................................................................................................

.............................................................................................................

.............................................................................................................

.............................................................................................................

.............................................................................................................

.............................................................................................................

.............................................................................................................

.............................................................................................................

.............................................................................................................

## Phonétique, rythme et intonation

**3** 🎧 **Écoutez et indiquez le nombre de syllabes que vous entendez.**

a. ....................     b. ....................     c. ....................

d. ....................     e. ....................     f. ....................

## Phonie-graphie

**4** 🎧 **Réécoutez les phrases de l'exercice 3 et cochez la bonne réponse.**

a. 1. – Qu'est-ce que tu dis ? ❑    2. – Qu'est-ce que je t'ai dit ? ❑
b. 1. – Qu'est-ce qu'il te dit ? ❑    2. – Qu'est-ce qu'il t'a dit ? ❑
c. 1. – Qu'est-ce que tu veux faire ? ❑    2. – Qu'est que tu vas faire ? ❑
d. 1. – Je leur ai promis de venir. ❑    2. – Je vous ai dit de venir. ❑
e. 1. – Je n'ai pas envie d'y aller. ❑    2. – J'ai très envie d'y aller. ❑
f. 1. – Ça ne m'amuse pas d'y aller. ❑    2. – Ça m'amuserait d'y aller. ❑

# Compréhension et expression écrites

**5** **Reliez une phrase à un verbe.**

**a.** D'accord, je viendrai.                                   **1.** conseiller

**b.** Tu veux essayer ma robe rouge?                          **2.** féliciter

**c.** Tu es superbe! Elle te va très bien!                     **3.** promettre

**d.** Je crois qu'une robe, ce serait mieux.                   **4.** refuser

**e.** Non, merci, des chaussures, je n'en ai pas besoin.       **5.** proposer

**6** **Barrez l'intrus. (Aidez-vous de votre dictionnaire.)**

**a.** un chapeau – un manteau – une robe – une jupe – un mariage – une veste – un jean – un pantalon

**b.** un maire – un préfet – un ministre – un député – un invité – un conseiller municipal – un sénateur

**7** **Quel est le nom qui correspond à ces verbes? Vérifiez dans votre dictionnaire.**

**1.** se souvenir de → ........................................................................................

**2.** promettre → ........................................................................................

**3.** prêter → ........................................................................................

**4.** emprunter → ........................................................................................

**5.** se marier → ........................................................................................

**6.** refuser → ........................................................................................

**7.** se renseigner → ........................................................................................

**8.** réfléchir → ........................................................................................

**8** **Répondez en utilisant le pronom *en*. Attention à la phrase 5.**

**1.** Qu'est-ce que tu veux? Tu as envie d'un coca? Non, merci ................., je n'ai pas soif.

**2.** C'est sûr? Tu as besoin de ma réponse aujourd'hui? Oui, ................., c'est urgent!

**3.** Vous vous souvenez des inondations de 1980? Oui, ................. très bien.

**4.** Elle a peur de quoi? Des incendies? Oui, ................. depuis qu'elle est toute petite.

**5.** Tu as parlé de tes problèmes à quelqu'un? Non, ................., je n'ai pas osé.

**9** **Répondez en remplaçant ce qui est souligné par un pronom.**

**1.** – Tu me laisseras <u>tes coordonnées</u>, s'il te plaît?

     – Oui, ........................................................................................

**2.** – Tu nous montres <u>tes photos de vacances</u>?

     – Oui, bien sûr, ........................................................................................

**3.** – Si je ne pleure pas chez le dentiste, tu m'achèteras <u>une glace</u>?

– Oui, promis! ............................................................................................................................................ .

**4.** – Est-ce que vous avez <u>des nouvelles</u>  régulièrement?

– Oui, ....................................................................................................................................................... .

**5.** – Quand est-ce que vous m'enverrez <u>les livres que j'ai commandés</u>?

– ................................................................................................... la semaine prochaine.

**10**  **Avec ces éléments, faites une phrase.**

**a.** Cette fille est jeune/elle est italienne/elle est belle

→ C'est une ..............................................................................................................................................

**b.** Il habite dans une maison/elle est superbe/elle est ancienne

→ Ils habitent ........................................................................................................................................

**c.** Il a acheté une voiture/elle est jolie/elle est anglaise/elle est petite

→ Il a acheté ..........................................................................................................................................

# Civilisation

**11**  Écoutez et cochez la personne qui est à la mode de cet hiver.

a. ☐                                b. ☐                                c. ☐

**12** **Lisez ce texte et répondez aux questions suivantes.**

# Les rois n'épousent pas les bergères !

Est-ce l'amour et seulement l'amour qui nous fait choisir l'homme ou la femme de notre vie ?

On aimerait le croire, on aimerait penser qu'on se choisit en toute liberté. Oui mais…

Les sociologues ont remarqué depuis longtemps que « le hasard fait bien les choses » et que les conjoints viennent le plus souvent du même groupe social. Cette homogamie* est particulièrement vraie pour le niveau d'éducation et les revenus.

Deux catégories socio-professionnelles sont plus « homogames » que les autres : les ouvriers et les employés qui, à une très large majorité, se marient entre eux.

_____

\* L'homogamie : la tendance à épouser quelqu'un de la même catégorie sociale.

**Comment expliquer ce phénomène ?**

D'abord, où se sont rencontrés les conjoints ? Pas n'importe où ! Chaque groupe social a son propre mode de vie, ses propres modes de sociabilité et ses propres lieux de rencontre.

Et, au-delà des lieux, qu'est-ce qui fait que deux personnes se remarquent, se plaisent, se choisissent ?

Bien sûr, le langage est très important, le langage sous tous ses aspects : grammaire, vocabulaire, accent… Mais aussi la manière de s'habiller, les préférences culturelles… qui sont elles-mêmes déterminées par l'appartenance à un groupe social.

Mais heureusement, le déterminisme absolu n'existe pas ! Par chance, le hasard et notre libre arbitre ont aussi leur rôle à jouer.

**1.** Parmi les trois proverbes qui suivent, lequel correspond le mieux au texte ?

   **a.** Les chiens ne font pas des chats.

   **b.** Tel père, tel fils.

   **c.** Qui se ressemble s'assemble.

**2.** Cherchez dans le texte le mot qui correspond à ces définitions.

   **a.** des personnes mariées : des _____

   **b.** l'idée qu'une chose doit nécessairement arriver : le _____

   **c.** possibilité de décider ou de choisir quelque chose librement : le _____

**3.** Quelle phrase résume le mieux ce texte ?

   **a.** Nous croyons que nous choisissons librement notre conjoint alors que nous sommes entièrement déterminés par notre appartenance sociale. ❑

   **b.** Nous aimons penser que nous choisissons librement notre conjoint mais nous savons très bien que nous ne sommes jamais maîtres de nos choix. ❑

   **c.** Nous avons souvent l'illusion de choisir notre conjoint en toute liberté mais ce n'est pas totalement vrai : nos choix sont dictés en partie par notre appartenance sociale. ❑

# Serge Gainsbourg, une vie

## Compréhension et expression orales

**1** 🎧 Écoutez <u>une seule fois</u> et répondez par vrai ou faux.

| | Vrai | Faux |
|---|---|---|
| **1.** Charlotte Gainsbourg est née à Paris. | ❑ | ❑ |
| **2.** C'est Truffaut qui a réalisé *La Petite Voleuse*. | ❑ | ❑ |
| **3.** Elle a reçu son premier prix d'interprétation à 14 ans. | ❑ | ❑ |
| **4.** Elle a rencontré son mari dans une boîte de nuit. | ❑ | ❑ |
| **5.** Charlotte Gainsbourg était très timide quand elle était jeune. | ❑ | ❑ |

## Phonétique, rythme et intonation

**2** 🎧 Écoutez. Cochez la phrase que vous entendez.

**1. a.** Il est né à Paris. ❑    **b.** Il naît à Paris. ❑    **c.** Il n'est pas à Paris. ❑

**2. a.** Il joue du piano. ❑    **b.** Il est fou de piano. ❑    **c.** Il fait du piano. ❑

**3. a.** Il change peu à peu. ❑    **b.** Il change un petit peu. ❑    **c.** Il change très peu. ❑

**4. a.** C'est une inconnue. ❑    **b.** Elle est inconnue. ❑    **c.** Elle est bien connue. ❑

# Compréhension et expression écrites

**3** **Quel nom n'est pas de la même famille que les autres ? Vérifiez avec votre dictionnaire.**

chanter – une chanson – un chantier – un chanteur – un chant – chantonner – une cantatrice

**4** **Replacez les verbes suivants dans le texte. Conjuguez-les.**

*conseiller – refuser – s'inquiéter – renoncer – se séparer – continuer – recommencer*

Après quelques années presque sans alcool, à partir des années 1974/1975, Serge Gainsbourg ........................... à boire. Les médecins lui ........................... de changer de mode de vie, de faire attention à son régime alimentaire, de rompre avec l'alcool mais il ........................... d'arrêter et ........................... à vivre comme il en a envie.

Tous les gens qui l'aiment ........................... pour lui et lui demandent de ralentir son rythme, de se calmer. Rien à faire ! Même Jane Birkin n'arrive pas à le convaincre. Alors, elle ........................... et décide de s'en aller. Ils ........................... en 1980.

**5** **Passage du verbe au nom. À l'aide de votre dictionnaire, complétez.**

*Exemple : voyager → le voyage*

naître       → ..................................................

jouer        → ..................................................

étudier      → ..................................................

travailler   → ..................................................

mourir       → ..................................................

# Grammaire

**6** **Rédigez une courte biographie de Manu Chao en utilisant au moins quatre des indications temporelles suivantes.**

*trois ans – l'année suivante – à vingt-quatre ans – pendant deux ans – sept ans – deux ans plus tard*

Manu Chao

21 juin 1961 Naissance à Paris de parents espagnols.

1985 Création d'un groupe de rock.

1987 Naissance de la Mano Negra.

1988 Premier succès de la Mano Negra, *Patchanka*.

1994 Fin de la Mano Negra.

1994-1996 Madrid – création du groupe Radio Bemba.

1998 Premier album solo : *Clandestino*. Énorme succès.

1999 *Clandestino* obtient la Victoire de la musique pour «le meilleur album de musique du monde».

2000 Tournée triomphale en Amérique du sud.

2001 Second album solo *Esperanza*. À nouveau, très grand succès.

2002-2004 Voyages, concerts, rencontres…

2004 Retour à Paris où il s'installe.

fin 2005 Sortie d'un DVD de la Mano Negra *Live*. Succès total !

Manu Chao est né à Paris le 21 juin 1961 ..........................................................................................................

...........................................................................................................................................................................................

...........................................................................................................................................................................................

...........................................................................................................................................................................................

...........................................................................................................................................................................................

...........................................................................................................................................................................................

...........................................................................................................................................................................................

...........................................................................................................................................................................................

...........................................................................................................................................................................................

...........................................................................................................................................................................................

...........................................................................................................................................................................................

...........................................................................................................................................................................................

...........................................................................................................................................................................................

...........................................................................................................................................................................................

...........................................................................................................................................................................................

**7** **Répondez à ces question en utilisant la mise en relief.**

*Exemple : Où vas-tu cet hiver ? En Italie ? (non, en Sibérie) → C'est en Sibérie que je vais.*

**1.** Avec qui pars-tu ? Avec Michel ? (non, des amis russes) → ..............................................................

**2.** Vous y allez comment ? En train ? (non, en avion) → ......................................................................

**3.** Vous allez loger à l'hôtel ? (non, chez les parents de Sacha) → ...................................................

**4.** Tu rentres pour mon anniversaire, le 10 janvier ? (non, hélas, le 13 janvier) → ......................

**8** **Complétez avec *à* ou *de (d')* quand c'est nécessaire.**

**1.** Demain, je commence .............. la gym, c'est promis !

**2.** S'il te plaît, arrête .............. tes bêtises et tiens-toi tranquille.

**3.** Vous pouvez vous occuper .............. vos affaires, s'il vous plaît ?

**4.** Si tu continues .............. faire l'idiot, tu vas être puni.

**5.** Je leur ai conseillé .............. aller dans une agence de voyages.

**6.** Arrête .............. dire n'importe quoi !

**7.** Ils ont décidé .............. se séparer.

**8.** Où est-ce que vous avez appris .............. dessiner ?

**9.** Aujourd'hui, je vous conseille .............. le plat du jour. Il est extra !

**10.** Je vous ai demandé .............. vous taire !

**9** **Imaginez une chose à laquelle vous ne pourriez jamais renoncer.**

...........................................................................................................................................................................................

...........................................................................................................................................................................................

...........................................................................................................................................................................................

...........................................................................................................................................................................................

...........................................................................................................................................................................................

# Civilisation

**10** Cherchez sur Internet des renseignements sur Jacques Prévert (1900-1977) et rédigez une petite biographie (10 à 12 lignes).

..............................................................................................................................

..............................................................................................................................

..............................................................................................................................

..............................................................................................................................

..............................................................................................................................

..............................................................................................................................

..............................................................................................................................

..............................................................................................................................

..............................................................................................................................

..............................................................................................................................

**11** 🎧 **Écoutez ce court poème de Jacques Prévert *Paris by night* et complétez-le.**

Trois allumettes une à une allumées dans ...................................

................................. pour voir ton visage tout entier

La seconde pour voir .................................

................................. pour voir ta bouche

Et l'obscurité toute entière pour me rappeler tout cela

En te serrant .................................

**12** 🎧 **Écoutez une fois ce poème de Jacques Prévert *Déjeuner du matin* et remettez les différentes strophes dans l'ordre.**

**a.** Il a mis le café
Dans la tasse
Il a mis le lait
Dans la tasse de café

**b.** Il a mis le sucre
Dans le café au lait
Avec la petite cuiller
Il a tourné

**c.** Et il est parti
Sous la pluie
Sans une parole
Sans me regarder

**d.** Et moi j'ai pris
Ma tête dans ma main
Et j'ai pleuré.

**e.** Il a fait des ronds
Avec la fumée
Il a mis les cendres
Dans le cendrier
Sans me parler
Sans me regarder

**f.** Il s'est levé
Il a mis
Son chapeau sur sa tête
Il a mis son manteau de pluie
Parce qu'il pleuvait

**g.** Il a bu le café au lait
Et il a reposé la tasse
Sans me parler
Il a allumé
Une cigarette

# Micro-trottoir : les villes aux piétons

## Compréhension et expression orales

**1** 🎧 **Écoutez et répondez.**

  **a.** Ces vieux autobus datent de quelle année? ........................................................

  **b.** Combien coûtent deux heures de balade? ........................................................

  **c.** À quel numéro doit-on téléphoner? ........................................................

## Phonétique, rythme et intonation

**2** 🎧 **Écoutez. Vous entendez le son [b] ou le son [p]?**

|       | 1 | 2 | 3 | 4 | 5 | 6 | 7 | 8 | 9 | 10 |
|-------|---|---|---|---|---|---|---|---|---|----|
| [b]   |   |   |   |   |   |   |   |   |   |    |
| [p]   |   |   |   |   |   |   |   |   |   |    |

**3** 🎧 **Écoutez et cochez les phrases négatives.**

  **1.** ☐   **2.** ☐   **3.** ☐   **4.** ☐   **5.** ☐

**4** 🎧 **Écoutez et indiquez sur le texte les liaisons.**

Barnabé était un homme comme tous les hommes, un honnête homme; ce n'était pas un héros mais il tenait à son honneur.

Un jour, en plein hiver, à sept heures du soir, il a rencontré par hasard Tina; c'était une vieille amie originaire de Hollande, qui avait travaillé longtemps avec lui dans un hôpital du quartier.

Il était très heureux de la voir et, pour fêter ça, il lui a proposé d'aller dîner avec lui. Il savait qu'elle adorait les huîtres et les steaks aux herbes de Provence. Bien sûr, elle a accepté et ils sont allés dans un petit restaurant près des Halles.

Soudain, le client qui mangeait à la table à côté a cherché des histoires à Tina. Il avait trop bu, c'était vraiment honteux! Il a commencé à lui faire des propositions et, comme elle ne répondait pas, il l'a insultée. Barnabé, furieux, s'est levé et, sans hésitation, pif paf! il lui a donné une claque.

# Compréhension et expression écrites

**5** **Lisez et répondez aux questions.**

### Une balade hors du temps

Si vous êtes à Paris, proposez donc à vos amis une balade originale. Vous pouvez louer un vieil autobus d'avant la Seconde Guerre mondiale. Oui, les vieux autobus de 1936 roulent encore et ils sont à louer. Ces bus sont classés «monuments historiques» et ils ont été restaurés par des passionnés, des amoureux des belles machines d'autrefois.

Ce n'est pas donné : votre fantaisie vous coûtera 690 euros pour deux heures de balade. Pas très bon marché et donc pas très confortable : les sièges sont en bois et l'arrière du bus est ouvert, juste fermé par une chaîne. Mais c'est tellement original ! Tous les passants vous regarderont et ils aimeraient vraiment être à votre place. Et en plus, le bus peut transporter quarante passagers. Vous pourrez partager la dépense !

Attention ! Même si vous avez le permis de conduire «poids lourds», vous ne pouvez pas prendre le volant. C'est un chauffeur qui vous conduira. Mais c'est vous qui décidez de l'itinéraire. Pas trop long ! Ces vénérables machines ne peuvent pas rouler plus de cinq heures de suite.

Renseignements 01 58 78 48 99

**1.** Cherchez dans le texte un mot ou une expression de même sens que :

    **a.** c'est cher : ............................................................

    **b.** ce n'est pas banal : ............................................................

    **c.** conduire : ............................................................

    **d.** vieux, ancien, antique : ............................................................

**2.** Quelle est la différence entre ces trois mots ? Utilisez votre dictionnaire.

    – un passant : ............................................................

    – un passager : ............................................................

    – un piéton : ............................................................

**6** **À quel mot de la liste de vocabulaire (p. 59) correspondent ces trois définitions ?**

**1.** Quand beaucoup de voitures paralysent le trafic, on dit qu'il y a un ............................................................

**2.** Les piétons marchent dessus, c'est plus prudent : c'est le ............................................................

**3.** Une voie réservée aux bicyclettes, c'est une ............................................................

**7** **À quel nom correspondent les adjectifs suivants. (Vérifiez dans votre dictionnaire.)**

    **a.** bruyant : .......................     **b.** laid : .......................     **c.** beau : .......................

    **d.** dangereux : .......................     **e.** efficace : .......................     **f.** interdit : .......................

# Grammaire

**8** **Complétez ces phrases.**

**1.** Shanghai est une ville qui ....................... où ....................... dont ........................

**2.** C'est Jane, l'amie australienne dont ....................... et avec qui ........................

**3.** Le dimanche, c'est un jour que ....................... où ....................... qui ........................

**9** Dans les phrases suivantes, le verbe *devoir* exprime la probabilité, le conseil ou l'obligation ?

**1.** Vous avez l'air malade. Vous devriez aller voir un médecin. ................................................

**2.** Impossible de trouver mes clefs. J'ai dû les oublier au bureau. ................................................

**3.** J'ai perdu mes clefs. J'ai dû en faire refaire de nouvelles. ................................................

**4.** Tu dois faire très attention avant de traverser. C'est dangereux ! ................................................

**5.** Non, Mme Leblanc n'habite pas ici. Vous devez vous tromper. ................................................

# Civilisation

**10** Lisez ce texte et répondez aux questions suivantes.

## EN AVANT AVEC LA RANDONNÉE PÉDESTRE

Tous les mois, le CIJP (Club international des jeunes à Paris) propose une randonnée dans Paris. C'est une très bonne occasion pour les adhérents, français et étrangers, jeunes ou moins jeunes, de se rencontrer, de bavarder, d'échanger leurs impressions.

Ces randonnées ont parfois lieu la nuit. La dernière randonnée nocturne est partie de la cathédrale Notre-Dame et s'est terminée au bois de Vincennes. Au total, dix kilomètres et trois bonnes heures de marche où Turcs, Vietnamiens, Allemands, Boliviens, Italiens, Roumains, Égyptiens, Tunisiens, Canadiens.... et Français ont pu visiter bien des sites intéressants tout en liant connaissance.

Le programme ? L'île Saint-Louis, d'abord, qu'on explore avant de se diriger vers la Bastille. Ensuite, une superbe balade sur la Promenade plantée : des arbres, des fleurs, de l'air... Arrivée à la Porte dorée, on entre dans le bois de Vincennes et la soirée se termine par un merveilleux pique-nique au clair de lune !

« Cela me permet de sortir de chez moi, de découvrir des coins de Paris que je ne connais pas, de rencontrer des gens. Je suis timide. Pour moi, c'est parfait, ça m'oblige à faire un effort, à parler avec des inconnus », confie Michel, un informaticien qui habite à Paris, fidèle adhérent.

« Et en plus, ajoute Stéphanie, ça ne coûte rien, ça ne rapporte rien mais c'est ça qui est super ! Marcher ensemble, c'est un vrai plaisir ! »

D'après Internet http://www.rando-paris.org)

**1.** Vrai ou Faux ?

|  | Vrai | Faux |
|---|---|---|
| **a.** Ces randonnées sont gratuites. | ❏ | ❏ |
| **b.** Elles se font toujours la nuit. | ❏ | ❏ |
| **c.** Elles sont réservées aux sportifs. | ❏ | ❏ |
| **d.** Michel est un nouvel adhérent au CIJP. | ❏ | ❏ |

**2.** Relevez dans le texte deux mots ou expressions qui indiquent que cette randonnée de Notre-Dame au bois de Vincennes a été faite la nuit.

................................................................................................................

**3.** Sur un plan de Paris, repérez l'itinéraire suivi par les randonneurs.

**11** **Pour chacune de ces propositioJns, indiquez si, pour <u>votre</u> ville, elle vous semble absolument essentielle (+++), très importante (++), assez importante (+) ou bien pas très importante (–).**

Réserver une voie rapide aux bus et aux taxis. ..................................................................................

Réduire à 30 km/h la vitesse en ville. ...................................................................................................

Développer les pistes cyclables. ...........................................................................................................

Interdire les voitures en ville une fois par semaine. ........................................................................

Créer de nouvelles rues piétonnes. ......................................................................................................

Interdire la circulation des véhicules polluants. ...............................................................................

Multiplier les stationnements payants pour les voitures particulières. .......................................

Mettre en place un système de vélos gratuits. ..................................................................................

Créer des garages à l'extérieur de la ville. ........................................................................................

Mettre en place un réseau de tramways. ............................................................................................

# Elle a changé de look

## Compréhension et expression orales

**1** 🎧 **Écoutez. Où peut-on entendre ces phrases ?**

**a.** dans une salle à manger

**b.** à l'école, dans une salle de classe

**c.** chez le dentiste, dans une salle d'attente

**d.** à l'hôpital, dans une salle d'opération

**e.** à l'aéroport, dans une salle d'embarquement

**f.** dans une salle de spectacle

**g.** dans une salle de bains

1 : ............        2 : ............        3 : ............        7 : ............

4 : ............        5 : ............        6 : ............

## Phonétique, rythme et intonation

**2** 🎧 **Écoutez et cochez la phrase que vous avez entendue.**

**1.** a. C'est de l'art. ❑        b. C'est rare. ❑

**2.** a. Il est rond. ❑        b. Il est long. ❑

**3.** a. C'est arrangé ? ❑        b. Tu es allongé ? ❑

**4.** a. C'est toi, Lucie ? ❑        b. C'est en Russie ? ❑

**5.** a. C'est là ! ❑        b. C'est rare ! ❑

**3** 🎧 **Écoutez. Combien de syllabes entendez-vous ?**

phrase 1 : ............        phrase 2 : ............

phrase 3 : ............        phrase 4 : ............

## Phonie-graphie

**4** **Maintenant, écrivez les quatre phrases.**

Phrase 1 : ..................................................................................

Phrase 2 : ..................................................................................

Phrase 3 : ..................................................................................

Phrase 4 : ..................................................................................

# Compréhension et expression écrites

**5** **Trouvez l'adjectif contraire.**

**1.** Il est horrible ! ≠ Il est ......................................................................................................................

**2.** J'étais rassurée ≠ J'étais ................................................................................................................

**3.** Un acteur inconnu ≠ Un acteur ....................................................................................................

**4.** Elle est vraiment laide ! ≠ Elle est vraiment ..............................................................................

**5.** C'est très simple ≠ C'est très ........................................................................................................

**6.** Un film vraiment banal ≠ Un film vraiment ..............................................................................

**6** **Le jeu des chiffres et des lettres.**

**Règle du jeu : voyelle-consonne…**

Avec ses dix lettres, il doit fabriquer le mot (verbe, nom, adjectif, adverbe…) le plus long possible en un temps limité : 5 minutes. Si vous trouvez un mot de six ou sept lettres, c'est très bien !

**1.** Matthias a tiré les lettres A – R – U – R – Y – Z – E – C – E – G Quel mot peut-il créer ?

.................................................................................................................................................................

**2.** Alexis a tiré les lettres U – P – E – G – A – R – I – C – I – N Quel mot proposera-t-il ?

.................................................................................................................................................................

**3.** Nina a tiré les lettres : E – S – U – R – E – F – I – B — U – X Quel mot peut-elle construire ?

.................................................................................................................................................................

# Grammaire

**7** **Encore Prévert ! Accordez le participe passé quand c'est nécessaire.**

Le message

La porte que quelqu'un a ouvert..........

La porte que quelqu'un a refermé..........

La chaise où quelqu'un s'est assis..........

Le chat que quelqu'un a caressé..........

Le fruit que quelqu'un a mordu..........

La lettre que quelqu'un a lu..........

La chaise que quelqu'un a renversé..........

La porte que quelqu'un a ouvert..........

La route où quelqu'un court encore

Le bois que quelqu'un traverse

La rivière où quelqu'un se jette

L'hôpital où quelqu'un est mort

Jacques Prévert, *Paroles*.

**8** **Comment expliquez-vous le passage du passé composé au présent des vers 9, 10, 11 ?**

........................................................................................................................

**9** **Reprenez le poème ainsi :**

Elle a ouvert la porte

Elle a refermé la porte…

**10** **Répondez en utilisant un passé composé.**

**1.** – Quand est-ce que tu as rencontré Pénélope ?

– Je ........................................................................................ la semaine dernière.

**2.** – Elle t'a présenté son copain ?

– Oui, bien sûr, elle ........................................................................................

**3.** – Elle est très différente de la Pénélope des années 2000 ?

– Oui, elle ........................................................................................

**4.** – Tes tatouages à toi, c'était en quelle année ?

– Je ........................................................................................

**11** **Voici cinq réponses d'Élodie. Pour chacune, imaginez quelle question a été posée.**

**1.** Oh ! Ça faisait bien dix ans que je ne l'avais pas vue.

Question : ........................................................................................ ?

**2.** Si. Elle me l'a donnée.

Question : ........................................................................................ ?

**3.** Non, nous nous sommes croisées rue de Rivoli.

Question : ........................................................................................ ?

**4.** Ça oui ! Ils ont été absolument furieux !

Question : ........................................................................................ ?

**5.** Non, je crois qu'elle ne l'a plus. Elle a dû l'enlever.

Question : ........................................................................................ ?

**12** **Classez tous ces verbes selon la terminaison de leur participe passé.**

*aimer – aller – arriver – s'asseoir – avoir – connaître – courir – découvrir – dire – écrire – finir – lire – manger – mettre – offrir – ouvrir – perdre – permettre – prendre – promettre – recevoir – savoir – souffrir – traduire – venir – vouloir*

Participe passé terminé en…

| -é | -ert | -i | -is | -it | -u |
|---|---|---|---|---|---|
| aimé | … | fini | … | … | … |

Les verbes *avoir, boire, devoir, lire, pouvoir, savoir* et *voir* ont deux points communs. Lesquels ?

**a.** ........................................................................................

**b.** ........................................................................................

# Civilisation

**13** **Lisez ce texte puis répondez aux questions.**

## UNE PETITE HISTOIRE DU TATOUAGE

Le tatouage existe depuis la nuit des temps. On a retrouvé, il y a une quinzaine d'années, en Europe un corps momifié qui portait des traces de tatouage. Cet homme avait vécu aux environs de 5 300 AC.

Au temps des pharaons, les Égyptiens étaient souvent tatoués. On le sait grâce aux momies.

En revanche, dans la Grèce antique, être tatoué signifiait ou bien être «barbare», c'est-à-dire non grec ou bien être esclave. À Rome, c'était assez peu différent, même si les soldats des légions romaines portaient souvent, tatoué sur leur corps, le nom de leur général.

Plus tard, dans le monde chrétien, le tatouage est absolument proscrit; c'est une marque d'infamie : seuls, les prostituées et les criminels sont tatoués, marqués, pour que leurs crimes ou leurs péchés soient visibles aux yeux de tous.

Petit à petit, au cours des siècles, les marginaux revendiquent leur marginalité. Ils se tatouent pour montrer à tout le monde qu'ils veulent vivre en dehors des règles de la société.

Et ailleurs? En Polynésie, par exemple? Ou en Afrique? Là, le tatouage et la scarification sont souvent faits pendant les rites d'initiation et ils servent à identifier la personne, à la reconnaître comme membre d'une famille, d'un clan, d'une ethnie. C'est un peu sa carte d'identité.

Aujourd'hui, il semble que les tatouages et les scarifications dans ces régions du monde disparaissent peu à peu. À l'inverse, en Occident, ce phénomène se développe mais c'est plus une mode qu'une question d'identité.

**1.** Relevez tous les termes qui servent à situer un événement dans le temps :
*Exemple : depuis la nuit des temps*

.................................................................................................................................

**2.** Cherchez dans le texte un mot ou une expression qui signifie :

**a.** depuis très longtemps : ...............................................................................................

**b.** interdit : ....................................................................................................................

**c.** ancienne : ..................................................................................................................

**d.** être utile pour quelque chose : ....................................................................................

**3.** À votre avis, pourquoi les Grecs marquaient-ils leurs esclaves?

.................................................................................................................................

**4.** Cherchez dans le dictionnaire la différence entre un crime et un péché?

.................................................................................................................................

# Vous savez ce qui s'est passé ?

## Compréhension et expression orales

**1** Imaginez une petite histoire au passé composé où vous réutiliserez ces dix mots :

*un accident – une voiture – un passager – un conducteur – un hôpital – une rue – un feu rouge – une poubelle – une infirmière – un chien*

## Phonétique, rythme et intonation

**2** 🎧 **Vous entendez le son [d] ou le son [t] ?**

|     | 1 | 2 | 3 | 4 | 5 | 6 | 7 | 8 |
|-----|---|---|---|---|---|---|---|---|
| [d] |   |   |   |   |   |   |   |   |
| [t] |   |   |   |   |   |   |   |   |

**3** 🎧 **Écoutez. La personne qui parle est fâchée, surprise ou contente ?**

|          | 1 | 2 | 3 | 4 | 5 |
|----------|---|---|---|---|---|
| fâchée   |   |   |   |   |   |
| surprise |   |   |   |   |   |
| contente |   |   |   |   |   |

**4** **Développez en une phrase complète les annonces suivantes.**

*Exemple : Donne petit chat noir 3 mois, propre et vacciné. S'adresser à la boulangerie.*
*→ Je donne un petit chat noir de trois mois. Il est propre et vacciné.*
*Si vous êtes intéressé, demandez des informations à la boulangerie.*
*félicietrin@yahoo.com*

**a.** Professeur de piano donne cours tous niveaux.

.................................................................................................................

.................................................................................................................

.................................................................................................................

.................................................................................................................

.................................................................................................................

**b.** Ascenseur en panne 3/11.

........................................................................................................................

........................................................................................................................

........................................................................................................................

........................................................................................................................

........................................................................................................................

**c.** En cas d'urgence, s'adresser au docteur Fortin, 12 rue du Paradis.

........................................................................................................................

........................................................................................................................

........................................................................................................................

........................................................................................................................

........................................................................................................................

**d.** Baby-sitter sérieuse cherche garde enfants mercredi ou samedi. 8 €/h. ou 50 € la journée. Appeler Sonia 06 76 87 98 00.

........................................................................................................................

........................................................................................................................

........................................................................................................................

........................................................................................................................

........................................................................................................................

**5** **Quel est le mot intrus ?**

**1.** une chambre de bonne – un studio – un appartement – une bibliothèque – un immeuble – un rez-de-chaussée – un hall

**2.** marié – retraité – célibataire – divorcé – fiancé – veuf

**6** **Complétez avec un mot de la liste de vocabulaire (p. 71).**

**a.** – Alors, M. Siméon a eu un accident ?

– Oui, il est à .............................. .

**b.** Il n'a pas voulu demander de l'aide. Il était .............................. Vous savez qu'il est timide.

**c.** – Il ne s'est jamais marié ?

– Non, il dit qu'il préfère rester .............................. .

**d.** Regarde, Mme da Silva et Mme Duval sont encore là.

Ça fait au moins une heure qu'elles ..............................!

**e.** Mme da Silva est la gardienne de .............................. ; elle surveille les entrées et les sorties, elle monte le courrier, elle nettoie les escaliers, elle sort .............................. tous les jours.

**7** **Reliez.**

**a.** Ne vous en faites pas, je ne dirai rien.          **1.** Elle est furieuse.

**b.** Ça alors ! C'est pas vrai !          **2.** Elle promet d'y aller.

**c.** J'irai lui rendre visite demain.          **3.** Elle est très contente.

**d.** Elle m'énerve ! Je la tuerais !          **4.** Elle s'inquiète, elle a peur.

**e.** Oui, c'est parfait. Merci beaucoup.          **5.** Elle est très surprise.

**f.** Je me fais du souci pour M. Siméon.          **6.** Elle rassure l'autre personne.

# Grammaire

**8** **Quel est le verbe qui ne peut pas introduire une proposition complétive (proposition introduite par** *que*)?

dire – affirmer – croire – penser – tomber – savoir – raconter – expliquer – déclarer – promettre :

.....................................................................................................................................................

**9** **Reprenez ces phrases en discours rapporté.**

**a.** «Je suis sorti pour poster une lettre. J'ai claqué la porte et je me suis retrouvé dehors sans clé.»

→ M. Siméon a expliqué qu'il ...........................................................................................................

**b.** «J'ai vu M. Siméon à l'hôpital. Il va bien, il n'a rien de grave. Il sort bientôt.»

→ Mme Duval a raconté à son mari qu'elle ....................................................................................

**c.** «Il a eu peur de m'appeler. Il a toujours été un peu bizarre!»

→ Mme da Silva a expliqué à Mme Duval que M. Siméon .............................................................

**d.** «J'irai le voir demain. Il doit s'ennuyer, le pauvre homme!»

→ Gentiment, Mme Duval a promis qu'elle ....................................................................................

**10** **Exercice inverse. Transformez ce texte en dialogue.**

Hier soir, Tristan Sutter est rentré très tard à la maison. Son père était furieux. Il lui a dit qu'il était trop jeune pour sortir le soir. Tristan a répondu que tous ses amis avaient le droit de sortir, qu'il n'était que dix heures et que ce n'était pas la peine de faire toute une histoire pour ça. Mme Sutter est intervenue pour dire qu'elle ne voulait pas qu'il parle à son père sur ce ton. Romain, bien sûr, a mis son petit grain de sel : il a expliqué que dans son collège, tous ses copains sortaient le soir. Il a ajouté qu'Annabella, la fille du 4$^e$, allait en boîte avec ses copines. Mme Sutter, très sèchement, a dit qu'Annabella n'était pas un exemple!

Vous pouvez, bien sûr, rajouter des phrases dans votre dialogue.

Tristan : Bonsoir, tout le monde!

M. Sutter : ................................................................

...........................................................................................

...........................................................................................

Tristan : ................................................................................

...........................................................................................

...........................................................................................

Mme Sutter : ........................................................................

...........................................................................................

...........................................................................................

Romain : ..............................................................................

...........................................................................................

...........................................................................................

Mme Sutter : ........................................................................

...........................................................................................

...........................................................................................

...........................................................................................

# Civilisation

**11** 🎧 **Écoutez et répondez ensuite aux questions.**

## LES REPAS DE QUARTIER : UN TÉMOIGNAGE

**1.** La personne qui parle habite dans quelle ville ? ........................................................
.......................................................................................................................................

**2.** Quel est son métier ? ................................................................................................
.......................................................................................................................................

**3.** Est-ce qu'il pense qu'une Journée nationale des repas de quartier est une bonne idée ?
Précisez votre réponse ......................................................................................
.......................................................................................................................................
.......................................................................................................................................
.......................................................................................................................................

**4.** À son avis, quels sont les problèmes que les organisateurs peuvent rencontrer ?
.......................................................................................................................................
.......................................................................................................................................
.......................................................................................................................................

# Devine qui j'ai vu !

## Compréhension et expression orales

**1** 🎧 **Écoutez et notez les informations.**

Situation : .................................................................................................

Libre à partir de : ......................................................................................

Taille du studio : ........................................................................................

Salle de bains/salle d'eau : oui – non

W.-C. séparés : oui – non

Cuisine séparée : oui – non

Chauffage : ................................................................................................

Meublé ou vide : ........................................................................................

Loyer mensuel : .........................................................................................

Charges comprises ou non : ......................................................................

Caution : ...................................................................................................

**2** **Vous avez noté cette petite annonce dans le journal. Vous êtes intéressé(e) par cette proposition. Vous téléphonez pour demander des informations complémentaires.**

> Je loue mon studio à Nice
> du 1er juillet au 30 septembre.
> Possibilité quinzaine. Bien situé,
> près Promenade des Anglais.
> Tout confort. 650 €/mois
> ou 400 €/quinzaine
> Appeler le 06 45 67 91 33
> après 20h. Florence

**3** 🎧 **Écoutez et cochez la phrase b quand elle a le même sens que la phrase a.**

**1. a.** Tu habites dans ce quartier. ❑

   **b.** Tu habites au coin de la rue. ❑

**2. a.** Il vit en colocation avec des copains. ❑

   **b.** Il prête son appartement à des copains. ❑

**3. a.** Je rentre tard ce lundi. ❑

   **b.** Tous les lundis, je rentre tard. ❑

# Phonétique, rythme et intonation

**4**  Écoutez et cochez les phrases dans lesquelles vous avez entendu le son [s] dans *tous*.

a. ☐   b. ☐   c. ☐   d. ☐   e. ☐   f. ☐

## Phonie-graphie

**5** Réécoutez et écrivez les trois premières phrases.

a. ....................................................................................................................

....................................................................................................................

b. ....................................................................................................................

....................................................................................................................

c. ....................................................................................................................

....................................................................................................................

# Compréhension et expression écrites

**6** Voici quelques expressions idiomatiques dans lesquelles les chats ont un rôle à jouer.

a. Donner sa langue au chat.

b. Chat échaudé craint l'eau froide.

c. S'entendre comme chien et chat.

d. Les chiens ne font pas des chats.

e. Avoir un chat dans la gorge.

f. Quand le chat n'est pas là,
les souris dansent.

Complétez les phrases suivantes
en utilisant l'une de ces expressions.

1. – Tu as vraiment le même mauvais caractère que ton père !
   – C'est normal ! ........................................................................................

2. Tu penses bien que cette fois, j'ai fait attention, je ne me suis pas laissé prendre !
   Tu connais le proverbe : ...........................................................................

3. C'est terrible ! Depuis qu'ils sont nés, ils se disputent, ces deux-là ! Vraiment, .....................

   ........................................................................................................................

4. – Qu'est-ce que tu as ? Tu as pris froid ? Tu as trop crié contre les enfants ?
   – Non, non, ..............................................................................................

5. – Bon, moi, j'en ai assez de chercher. Je ne sais pas. Je ne connais pas la réponse.
   – Alors, .........................................................................................................?

6. Et voilà ! Je pars deux jours et la maison est un vrai chantier. Tout est en désordre, les lits ne
   sont pas faits, la vaisselle non plus ! Quel bazar ! Ah ! ...............................................

   ........................................................................................................................

**7** Vincent Deslauriers est venu dîner chez Christine et Julien avec ses colocataires. Il envoie un petit message pour remercier de la bonne soirée qu'ils ont passée tous ensemble.

De : vdeslauriers@hotmail.com
Objet : **merci**
Date : 12 avril
A : chrisdumas@club-internet.fr

................................................................................

................................................................................
................................................................................
................................................................................
................................................................................

# Grammaire

**8** **Imaginez de quoi ou de qui on parle.**

**1.** Quand il était tout petit, je me suis beaucoup occupé(e) de lui. C'est pour ça que je continue à m'intéresser à lui, encore aujourd'hui ....................................

**2.** Mais oui, n'aie pas peur. Je m'en occuperai ! Tu peux partir tranquille. Tu les retrouveras deux fois plus hautes, tu verras ! ....................................

**3.** Avant, oui, il s'y intéressait. Mais c'est bien fini. Il ne va même plus voter !

....................................

**4.** Vincent y pense encore quelquefois mais Christine, elle, elle n'y pense plus du tout !

....................................

**9** **Dans ces phrases, le gérondif exprime plutôt le temps, la manière ou la condition ?**

**1.** Allez ! Vite ! Courons ! En se dépêchant, on peut avoir le bus ! ....................................

**2.** Je l'ai rencontré hier en faisant les courses ....................................

**3.** Il a trouvé la femme de ses rêves en s'adressant à une agence matrimoniale. ....................................

**4.** S'il te plaît ! Ce n'est pas bien de fumer en mangeant ! ....................................

**10** **Vrai ? Faux ? On ne sait pas ? Justifiez votre réponse.**

Nous sommes le 1er janvier. Si Christine dit : « Tu sais, j'ai vu Vincent hier. Il s'est installé dans le quartier. Il habite rue des Plantes depuis deux mois et on ne le savait même pas ! Je l'avais rencontré il y a cinq ou mois, à l'anniversaire de Chloé et il ne m'avait même pas dit qu'il voulait déménager. Il aurait pu m'en parler ! Il y a des années que je vis dans le coin, j'aurais pu l'aider ! »

**a.** Fin septembre, Vincent s'est installé rue des Plantes. ....................................

**b.** En juillet, il ne savait pas qu'il allait déménager. ....................................

**c.** Christine n'avait pas revu Vincent depuis l'anniversaire de Chloé. ....................................

**d.** Christine habite près de la rue des Plantes depuis longtemps. ....................................

# Civilisation

**11** **Lisez ce texte puis répondez aux questions.**

## Les aides au logement pour les étudiants

### ■ Le saviez-vous ?

Comme tous les gens disposant de faibles ressources, la plupart des étudiants locataires, français ou étrangers, peuvent bénéficier d'une aide versée par la CAF (Caisse d'allocations familiales) destinée à payer en partie leur loyer.

Il existe deux sortes d'aide, l'APL (aide personnalisée au logement) qui est versée directement au propriétaire : le locataire paie seulement le complément ; l'ALS (allocation de logement à caractère social) versée directement au locataire.

### ■ Pour toucher cette aide, il faut :

— avoir un contrat de location, un bail, au nom de l'étudiant lui-même ;
— occuper ce logement comme résidence principale ;
— avoir des ressources inférieures à une certaine somme.

Et bien sûr, le logement que vous occupez ne doit pas appartenir à vos parents ou à vos grands-parents !

D'autre part, le logement que vous occupez, vide ou meublé, doit répondre à certaines normes : normes de superficie (9 m² minimum pour une personne, 16 m² pour un couple) et normes de confort (au moins l'eau courante, un moyen de chauffage et un W.-C.).

Quel est le montant de cette aide ? Elle est variable. Tout dépend du loyer et des ressources de l'étudiant.

`Remplissez vite votre dossier !`

Yukiko est étudiante en master de philosophie à Montpellier. Elle écrit à une association étudiante pour connaître ses droits en matière d'aide au logement.

On m'a dit que… Est-ce vrai ? Répondez-lui.

**a.** Les étudiants qui vivent en couple n'ont pas le droit à l'APL ou à l'ALS.

**b.** Si je travaille, même quelques heures par semaine, je n'ai droit à rien.

**c.** Je n'ai droit à rien parce que la studette où j'habite mesure 10 m².

**d.** Je ne peux pas faire de demande d'ALS parce que je suis japonaise.

# En direct de...

## Compréhension et expression orales

**1** 🎧 **Écoutez deux fois et cochez les monuments d'Arles qui ont été mentionnés dans le document.**

**1.** le cloître Saint-Trophime ❑

**2.** le musée de l'Arles antique ❑

**3.** les Arènes ❑

**4.** les thermes de Constantin ❑

**5.** la place des Lices ❑

**6.** le musée du Riz ❑

**7.** le Théâtre antique ❑

**8.** l'église de la Major ❑

**9.** les Alyscamps ❑

**10.** le Cirque romain ❑

**11.** le Grand Prieuré de Malte ❑

**2** 🎧 **Écoutez une seconde fois le document et reliez les mots qui ont le même sens.**

**a.** un cimetière romain

**b.** un vestige romain

**c.** les cryptoportiques

**d.** le Forum

**e.** l'amphithéâtre d'Arles

**1.** des ruines, des restes romains

**2.** des galeries souterraines

**3.** la place centrale

**4.** les arènes

**5.** une nécropole romaine

## Phonétique, rythme et intonation

**3** 🎧 **Cochez les phrases dans lesquelles vous entendez le son [s] et le son [z].**

|     | 1 | 2 | 3 | 4 | 5 | 6 | 7 | 8 | 9 | 10 |
|-----|---|---|---|---|---|---|---|---|---|----|
| [s] |   |   |   |   |   |   |   |   |   |    |
| [z] |   |   |   |   |   |   |   |   |   |    |

## Phonie-graphie

**4** 🎧 **Les sons [sj] et [zj]. Écoutez et transcrivez.**

**1.** ....................................................................................................................

**2.** ....................................................................................................................

**3.** ....................................................................................................................

**4.** ....................................................................................................................

# Compréhension et expression écrites

**5** **Nous sommes en septembre, c'est l'époque des grandes marées. Il fait très beau.**

Vous allez en Bretagne pour aller pêcher des coquillages, des crevettes et des crabes.
Cochez ce qui vous sera utile.

**1.** une épuisette ❑               **6.** un passeport ❑

**2.** des gants de laine ❑          **7.** des bottes en cuir ❑

**3.** un parasol ❑                  **8.** une caméra ❑

**4.** un seau ❑                     **9.** des gants en caoutchouc ❑

**5.** une cravate ❑                 **10.** des lunettes de soleil ❑

**6** **Bon appétit ! Reliez une ville ou une région et sa spécialité gastronomique.**

Aidez-vous d'un dictionnaire et d'une carte de France.
Situez ensuite ces spécialités sur la carte.

**a.** le saucisson               **1.** Bayonne (Aquitaine)

**b.** les escargots              **2.** l'Alsace

**c.** les huîtres                **3.** la Normandie

**d.** la choucroute              **4.** Arles (Provence)

**e.** la moutarde                **5.** Dijon (Bourgogne)

**f.** le camembert               **6.** la Bourgogne

**g.** le jambon                  **7.** la Bretagne

**7** **Bon appétit encore ! Informez-vous ! Cherchez sur Internet la recette de la bouillabaisse de Marseille et recopiez-la.**

Ingrédients pour 6 personnes

......................................................................................

......................................................................................

......................................................................................

......................................................................................

......................................................................................

Préparation

......................................................................................

......................................................................................

......................................................................................

......................................................................................

......................................................................................

......................................................................................

......................................................................................

......................................................................................

......................................................................................

......................................................................................

**8** À vous de présenter une spécialité gastronomique de votre région.

..................................................................................................................
..................................................................................................................
..................................................................................................................
..................................................................................................................
..................................................................................................................
..................................................................................................................
..................................................................................................................
..................................................................................................................
..................................................................................................................
..................................................................................................................
..................................................................................................................

# Grammaire

**9** **Voici ce que raconte Diana, qui est une étudiante australienne à propos de son passage à la douane de Roissy. Reprenez sous forme de dialogue entre le douanier et elle.**

Quand je suis arrivée à Paris, à l'aéroport Charles-de-Gaulle, oh là là !

Il y avait un douanier qui voulait tout savoir. Il m'a demandé d'où je venais, quelle était ma nationalité, ce que je faisais comme travail.

Il m'a demandé d'ouvrir ma grosse valise et après, j'ai dû ouvrir aussi mes deux sacs. Il voulait même savoir ce qu'il y avait dans mon sac à dos. Je lui ai demandé pourquoi il faisait ça, s'il cherchait quelque chose de particulier. Il m'a répondu que c'était la routine, qu'ils choisissaient un passager sur dix.

Le douanier : ........................................................................................................

Diana : ................................................................................................................
..................................................................................................................
..................................................................................................................
..................................................................................................................
..................................................................................................................
..................................................................................................................
..................................................................................................................

**10** **Complétez avec *lequel, laquelle, lesquels* ou *lesquelles*.**

**1.** Je t'assure qu'on s'est trompés. Ce n'est pas la route par ........................ on est passés à l'aller.

**2.** Je ne sais pas quelles chaussures mettre avec cette robe. Je mets ........................ ? Les noires ?

**3.** Ce sont des gens pour ........................ j'ai toujours eu beaucoup d'admiration.

**4.** Ce sont les amies avec ........................ nous avons fait du bateau l'été dernier.

# Civilisation

**11** **Vous avez passé un week-end de rêve à Arles grâce à l'office de tourisme.**

Vous racontez. Regardez le plan d'Arles et renseignez-vous sur Internet.

## ARLES, PATRIMOINE MONDIAL DE L'HUMANITÉ

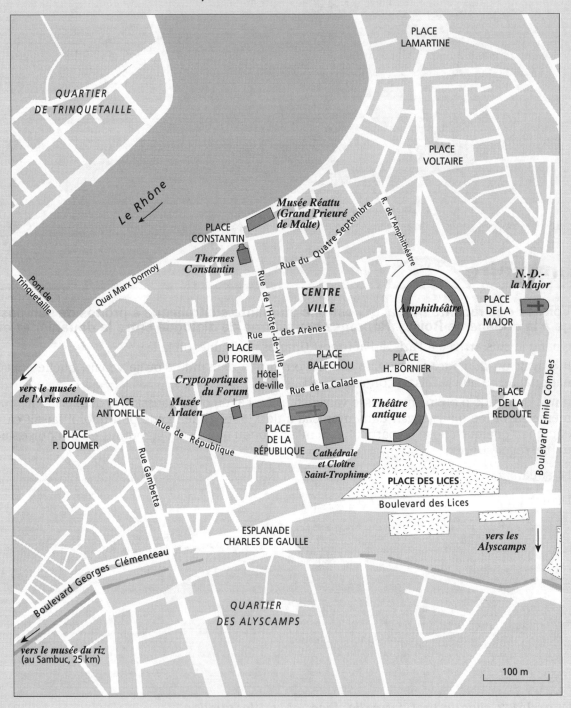

# La Palme d'or est attribuée à...

## Compréhension et expression orales

**1** 🎧 **Écoutez deux fois le document et complétez le tableau.**

|  | genre | date |
|---|---|---|
| Annecy | ............................. | juin |
| Cabourg | films romantiques | ............................. |
| Clermont-Ferrand | ............................. | janvier |
| Cognac | ............................. | avril |
| Créteil | ............................. | ............................. |
| Deauville | films américains | ............................. |
| Gérardmer | ............................. | janvier |
| La Rochelle | festival international | ............................. |
| Nantes | films des Trois Continents | ............................. |
| Pessac | ............................. | novembre |

**2** 🎧 **Écoutez le programme de ce cinéma. Complétez.**

salle 1 : ............................................ – séances à 10 h 55, 12 h 35, ............, 15 h 55, ............

salle 2 : *Harry Potter et* ...................... – séances à ............, 15 h 15, 17 h 20, ............

salle 3 : ........................... *de Narnia* – séances à 11 h 15, 13 h 45, 16 h 20, ............, 21 h 25

salle 4 : *Trois Enterrements* – film à ............, ............ et 21 h 50

# Phonétique, rythme et intonation

**3** 🎧 **Écoutez. La phrase est à la forme active (FA) ou à la forme passive (FP) ?**
Entourez la bonne réponse.

**1.** FA  FP          **2.** FA  FP          **3.** FA  FP

**4.** FA  FP          **5.** FA  FP

# Phonie-graphie

**4** 🎧 **Écoutez une seule fois et notez les chiffres et les dates.**

Le Festival de Cannes commence en ............................ Cette année-là, un film est en vedette : *Rome, ville ouverte*, de Roberto Rossellini. Ce n'est qu'en ............................ qu'est créée la Palme d'or. ............................, c'est l'année des *Quatre Cents Coups* de François Truffaut. L'année suivante voit le triomphe de Fellini avec *La Dolce Vita*. Quatre pays sont plus souvent primés que les autres. Les États-Unis, qui, entre ............................ et ............................ ont remporté ............................ Palmes d'or. Viennent ensuite l'Italie avec ............................ victoires, la France avec ............................ et la Grande-Bretagne avec ............................

# Compréhension et expression écrites

**5** **Complétez avec les huit mots suivants.**

*la sélection – les marches – un metteur en scène – la projection – le rôle – l'acteur – le public – exceptionnel – accueillir – récompenser*

2005 a vu le triomphe non pas d'un ............................ mais de deux ! Ce sont les frères Dardenne qui, pour la seconde fois, ont gravi triomphalement ............................ du Palais des Festivals. Ils ont été ............................ à nouveau pour leur film *L'Enfant*.

Recevoir deux fois la Palme d'or est quelque chose de très .............................

Lors de sa ............................, ce film a été ............................ avec beaucoup d'émotion par ............................, très sensible à cette histoire de jeune délinquant découvrant la paternité.

............................ qui joue ............................ principal, Jérémie Renier, est excellent. On peut parier qu'on entendra bientôt parler de lui à nouveau.

Pour le président du jury, Emir Kusturica, ............................ était, cette année-là, plutôt moyenne, honnête mais sans rien de très remarquable.

**6** **Regardez cette affiche. Imaginez ce que raconte ce film.**

............................................................................................

............................................................................................

............................................................................................

............................................................................................

............................................................................................

............................................................................................

# Grammaire

**7** **Que remplace le pronom neutre *le* dans ces quatre phrases ?**

**1.** Comme vous **le** savez, le Festival de Cannes a toujours lieu en mai ........................................

**2.** Ce film sera-t-il prêt à temps pour être sélectionné ? Personne ne **le** sait .....................................

**3.** Les frères Dardenne ont été récompensés pour *Rosetta* en 1999. Ils l'ont été à nouveau pour *L'Enfant* en 2005 ........................................

**4.** Le président était un peu déçu de la sélection mais le public ne **l'**était pas ........................................

**8** **Mettez ces phrases à la forme active. Attention au temps !**

**1.** Cette décision a été prise par le Conseil municipal le 25 avril dernier.

........................................

**2.** Ce magasin sera inauguré le 2 janvier à 14 heures.

........................................

**3.** On pense que l'incendie a été provoqué par un court-circuit.

........................................

**4.** Les accusés ont été acquittés sous les applaudissements.

........................................

**5.** Tous les départs sont garantis par notre agence de voyage.

........................................

**6.** Les blessés ont été transportés à l'hôpital par le SAMU.

........................................

**7.** Je suis très intéressé(e) par votre proposition.

........................................

**8.** Les pièces de Samuel Beckett sont très appréciées du public français.

........................................

**9** **Quelques dates dans la vie de Molière (1622-1673). Transformez les noms soulignés en phrases à la forme passive. (Vous pouvez utiliser votre dictionnaire.)**

*Exemple : 1643 : <u>fondation</u> de l'Illustre Théâtre par Molière et les Béjart.*
**→ *L'Illustre Théâtre est fondé par Molière et les Béjart.***

**1.** 1658 : <u>présentation</u> de Nicomède devant le roi Louis XIV.

........................................

**2.** 1664 : <u>accusation</u> d'immoralité par les « dévots » à cause de Tartuffe.

........................................

**3.** 1665 : <u>interdiction</u> de Dom Juan pour les mêmes raisons.

........................................

**4.** 1673 : mort de Molière. <u>Enterrement</u> quasi-clandestin, de nuit.

........................................

# Civilisation

**10** **Lisez ce texte et répondez aux questions suivantes.**

## AURILLAC/CHALON-SUR-SAÔNE : FESTIVAL DES ARTS DE LA RUE

En août 1985 le premier Festival international du Théâtre de rue est créé à Aurillac. C'est à cet événement qu'Aurillac, paisible petite ville de 30 000 habitants, doit sa renommée.

Quand on évoque cette ville, c'est en effet immédiatement aux arts de la rue qu'on pense.

Chaque année en plein mois d'août, pendant une dizaine de jours, Aurillac programme des troupes de théâtre qui ne peuvent pas jouer en salle ou qui ne le veulent pas, préférant un contact plus direct avec le public.

À cette sélection officielle il faut ajouter des centaines de compagnies « sauvages » (les compagnies de passage) qui mettent une animation aussi sympathique qu'anarchique. La petite cité est en ébullition et pour l'équipe municipale, ce n'est pas toujours très facile à gérer.

Bref, en un mot, Aurillac devient, le temps du Festival, une véritable « ville ouverte » où souffle un air de grande liberté.

Le Festival de Chalon-sur-Saône a presque le même âge que celui d'Aurillac et à peu près les mêmes caractéristiques : ici aussi, le « off » est venu déborder de tous les côtés la sélection officielle et, pendant quatre jours et quatre nuits, vers la fin du mois de juillet, c'est le grand délire. C'est le même esprit libertaire qu'à Aurillac. Pour tous, acteurs et spectateurs, le théâtre doit apporter un « désordre régénérateur », bousculer les idées reçues et les certitudes. Pendant quatre jours, la ville appartient aux saltimbanques* et aux routards. Pas question de dormir, bien sûr ! Et c'est bien agréable.

Marie-Claire Ford

\* Un saltimbanque : quelqu'un qui fait de petites représentations
(acrobaties, tours d'adresse etc.) en plein air.

**1.** Cherchez sur une carte de France les villes d'Aurillac (au sud du Massif Central) et de Chalon-sur-Saône (au sud de la Bourgogne). À votre avis, ces deux régions sont-elles très touristiques ? Justifiez votre réponse.

..................................................................................................................................

**2.** Quelle est la principale différence entre le Festival d'Aurillac et le Festival d'Avignon ? Vous pouvez chercher quelques informations sur Internet.

..................................................................................................................................

**3.** Pourquoi l'adjectif « sauvages » est-il mis entre guillemets ?

..................................................................................................................................

**4.** Sans chercher dans votre dictionnaire, comment comprenez-vous le mot « routard » ?

..................................................................................................................................

**5.** À votre avis, la personne qui a rédigé ce petit article est-elle favorable ou non à ce type de festival ? Précisez votre réponse.

..................................................................................................................................

# Une nouvelle baby-sitter

## Compréhension et expression orales

**1** 🎧 **Écoutez et complétez.**

**a.** Tous les après-midis, sauf le mercredi, à 16 h 30, Katia ............... Chloé à l'école. De retour à la maison, elle la ............... Ensuite, elle l'............... ses devoirs. Vers 19 heures, elle la ............... Avant de la coucher, elle lui ............... un bain. Mais c'est sa maman qui lui ............... une histoire.

**b.** La maman de Chloé ne travaille pas le ............... ni le ............... ; elle aimerait sortir avec des amis le ............... soir. Katia a cours le ............... et le ............... matin, le ............... et le ............... en début d'après-midi. Tous les ..............., elle passe la journée avec Chloé et tous les ............... elle fait du jogging au bois de Vincennes.

**2** **Complétez le dialogue avec les expressions suivantes.**

*C'est parfait! / Ce n'est pas grand-chose. / ça ira? / ça ne vous ennuie pas? / Évidemment / par semaine / un mercredi sur deux / le mois prochain. / Aucun problème. / Bien sûr.*

– Mme Gauvin : Bonjour Katia. Tout va bien avec Chloé ?

– Katia : ..............., elle est très gentille.

– Mme Gauvin : Je voudrais vous demander un service. Oh! ............... mais...

– Katia : ..............., si je peux vous aider...

– Mme Gauvin : Voilà... mon emploi du temps va changer. Maintenant, je vais être libre ............... Je pourrai m'occuper de Chloé...

– Katia : Oui, je comprends !

– Mme Gauvin : Mais je rentrerai plus tard deux soirs ..............., le mardi et le jeudi. Est-ce que vous pouvez rester avec Chloé jusqu'à ce que je rentre ? ...............?

– Katia : Non, pas du tout. J'étudierai pendant qu'elle dormira.

– Mme Gauvin : Oh! Merci beaucoup. ..............., je vous paierai plus. Dix euros de l'heure, ...............?

– Katia : ...............! Je commence mardi?

– Mme Gauvin : Non, ................

**3** **Par deux ou trois, utilisez les expressions de l'exercice 2 dans un dialogue d'une ou deux minutes.**

# Phonétique, rythme et intonation

**4** 🎧 **Écoutez et répétez le son [ɥi].**

**a.** Chloé a huit ans. Elle fait la cuisine avec Katia. Elle fait beaucoup de bruit. Ensuite, elles vont au parc. Titus, le petit chien, les suit. Chloé ne s'ennuie jamais.

**b.** Cherchez tous les mots que vous connaissez qui contiennent ce son et faites des phrases très courtes comme dans l'exercice 1.

**5** **Reprenez le dialogue entre Katia et Mme Gauvin. Relevez les phrases en suspens et dites-les.**

# Compréhension et expression écrites

**6** **Quelle est l'annonce que Katia avait écrite ?**

**a.**
> *Étudiant en médecine*
> *cherche baby-sitting*
> *deux soirs par semaine*
> *(nuit complète possible)*
> *si possible dans Paris*
>
> *Tél. : 06 24 54 78 12*

**b.**
> Jeune fille douce et gentille,
> aimant les enfants, petits et grands,
> libre tous les jours de 13 h à 18 h
>
> Contacter :
>
> lil-007@hotmail.com

**c.**
> Étudiante cherche quelques heures par semaine : courses, ménage, baby-sitting, dog-sitting, assistance personnes âgées, etc.
>
> Laisser un message pour **Lulu** au 01 47 32 80 69

**d.**
> ASSOCIATION DES JEUNES FILLES AU PAIR PROPOSE :
> – GARDE DES ENFANTS, DANS LA JOURNÉE, LE SOIR, LE WEEK-END
> – AIDE AUX DEVOIRS
> – ACCOMPAGNEMENT VOYAGE
> – GARDE MALADE
>
> CONTACTER MME DELORS :
> 01 40 56 67 29
> OU asspair@free.com

**e.**
> **Étudiante sérieuse,**
> **sportive, ne fume pas**
> **Cherche enfant à garder**
> **disponible le mercredi**
> **toute la journée et le soir**
> **à partir de 16 heures**
>
> **Tél. : 06 27 72 31 13**

**f.**
> Je suis disponible tous les mercredis et les samedis, je ne suis jamais en retard, je sais faire la cuisine, j'aime les enfants. Je peux les aider pour les devoirs, je suis inscrit à la Sorbonne en 2e année de littérature. Je m'appelle Claude Lauzier. Mon Tél. : le 06 57 88 34 12

**7** Vous souhaitez gagner un peu d'argent pendant votre temps libre. Rédigez votre petite annonce.

............................................................................................................................................................

............................................................................................................................................................

............................................................................................................................................................

............................................................................................................................................................

# Grammaire

**8** Finissez les phrases en utilisant ces verbes : *aider – aller – faire le dîner – se laver les dents – savoir*.

**a.** J'aimerais que vous ........................... avant mon retour.

**b.** Je veux que tu ........................... avant de te coucher.

**c.** Ma femme souhaiterait que vous ........................... Chloé à faire ses devoirs.

**d.** Elle est contente que vous ........................... la chercher à l'école.

**e.** Il faut que tu ........................... ta poésie pour demain.

**9** Retrouvez l'infinitif des verbes soulignés.

Je suis heureuse que ma fille <u>ait</u> une si gentille baby-sitter. C'est dommage que la jeune fille ne <u>puisse</u> pas rester l'année prochaine mais il faut qu'elle <u>aille</u> dans une autre université, en Europe, pour finir ses études. Il est possible qu'elle <u>revienne</u> ensuite et qu'elle <u>soit</u> à nouveau disponible. Mais je comprendrais aussi qu'elle <u>veuille</u> retourner chez elle. On verra… J'aimerais que ma fille <u>sache</u> parler plusieurs langues comme elle et qu'elle <u>fasse</u> des études dans différents pays. Tous les parents sont heureux que leurs enfants <u>réussissent</u> dans la vie. C'est vrai que parfois les enfants voudraient que nous, les parents, nous <u>prenions</u> les choses avec plus de légèreté !

**10** Combien de personnes sont concernées par le sens de ces phrases : une, deux ou trois ?

**a.** Il faut que je parte avant 22 heures. ...........................................................

**b.** Il faut qu'elle parte avant 22 heures. ...........................................................

**c.** Je voudrais que tu fasses ce voyage. ...........................................................

**d.** Je voudrais faire ce voyage. ...........................................................

**e.** Elle aimerait que vous lui appreniez à danser le tango. ...........................................................

**f.** Elle aimerait apprendre à danser le tango. ...........................................................

**g.** Elle aimerait qu'elle apprenne à danser le tango. ...........................................................

**11** Répondez.

*Exemple : – Je vais chercher Victor à la gare ? – **Oui, j'aimerais bien que tu ailles le chercher.***

**a.** – Je sors promener le chien ? – Oui, ................................................................................... .

**b.** – Je prends du pain ? – Oui, ................................................................................................. .

**c.** – Je ne sais pas comment ça marche ! Tu m'aides ? – Non, à ton âge, ................................... .

**d.** – C'est à 17 heures le rendez-vous ? – Oui, ...................................................... à l'heure !

**e.** – Je fais le repas ce soir ? – Oui, ..........................................................................................

# Civilisation

**12** **Lisez, puis répondez aux questions.**

1.

## Réussir ! le n° 1
*du soutien scolaire*
*à domicile*

Bac + 3 minimum, vous possédez de véritables compétences pédagogiques et vous cherchez un travail intéressant et bien payé.

Vous rencontrerez notre équipe de recrutement qui évaluera vos aptitudes et vos expériences. Nos conseillers pédagogiques vous confieront ensuite la responsabilité de plusieurs élèves.

Déposez votre candidature en remplissant le formulaire de candidature.

**a.** Vous serez recruté(e) par qui?

......................................................................................................................

**b.** Quel est le niveau universitaire requis?

......................................................................................................................

**c.** Imaginez le formulaire de candidature.

......................................................................................................................

**2.** 24 petits boulots pour financer tes études!

| | | |
|---|---|---|
| 1. animateur | 2. baby-sitter | 3. chauffeur de maître |
| 4. coursier/livreur | 5. distributeur de journaux | 6. enquêteur |
| 7. figurant | 8. mannequin | 9. gardien |
| 10. veilleur de nuit | 11. guide | 12. serveur (se) |
| 13. hôtesse | 14. Père Noël | 15. modèle (beaux-arts) |
| 16. prof à domicile | 17. pompiste | 18. surveillant (école) |
| 19. télévendeur | 20. vendeur (se) | 21. testeur (médicaments) |
| 22. brancardier | 23. saisonnier agricole | 24. dog-sitter |

a      b      c      d      e      f

**a.** Faites correspondre les dessins à un emploi.

**b.** Malgré la loi sur l'égalité homme/femme, certains de ces emplois concernent plutôt les hommes. Lesquels? Pourquoi?

......................................................................................................................

**c.** Quel est l'inconvénient majeur d'un job étudiant?

......................................................................................................................

# Cherchons jeune fille rousse…

## Compréhension et expression orales

**1** 🎧 **Écoutez chaque dialogue et concluez par l'une de ces expressions, au choix.**

C'est une arnaque. Je chante comme une casserole. Il n'est pas mal. Tu me promets la lune. Vous avez mon feu vert.

**a.** – J'ai reçu un coup de téléphone bizarre ce matin. On me proposait de recevoir sur mon compte en banque une énorme somme d'argent. Je devais donner mon numéro de compte et en échange je pouvais garder 10 % de la somme versée.
– Qui t'a proposé ça?
– Un homme. Il s'est présenté comme le conseiller financier d'un diplomate en poste en Afrique.
– Hum, ........................................, méfie-toi.

**b.** – Salut Morgane, ça va?
– Super bien. Je suis allée écouter Bénabar hier soir et regarde, il m'a dédicacé une photo. Il est mignon, hein?
– Oui, ........................................

**c.** – Tu cherches toujours un appartement?
– Oui, ça devient urgent.
– Tu serais intéressée par un grand trois pièces lumineux, avec balcons, donnant sur le parc Montsouris et…
– Arrête, ........................................
– Non, pas du tout, c'est celui de mon frère qui part pour trois ans au Canada. Il veut le sous-louer.

**2** **Dites la même chose que les mots soulignés mais avec d'autres mots ou expressions appris dans la leçon.**

**a.** J'ai rencontré un jeune homme. Il <u>est pas mal du tout</u>. <u>C'est</u> <u>marrant</u>, il porte le même prénom que moi: Claude.

**b.** Je suis allé(e) au casting. Il y avait beaucoup de candidat(e)s mais je crois que <u>ça a bien marché</u> et je pense que je vais <u>décrocher</u> un petit rôle dans le prochain film de Patrice Leconte.

**c.** Demain, je passe la première audition. <u>Je me fais du souci</u>. J'espère que ce n'est pas <u>un attrape-nigaud</u>.

# Phonétique, rythme et intonation

**3** 🎧 **Écoutez et répétez.**

Tu vas au Sahara ? Igor ira avec vous. Tu as eu une bonne note ? Fais dodo Olivia.

**4** 🎧 **Écoutez et écrivez correctement.**

......................................................................................................................................

......................................................................................................................................

......................................................................................................................................

# Compréhension et expression écrites

**5** **Lisez ce texte et répondez aux questions.**

### Savoir surfer sur l'internet !

L'internet change la vie. En France, la plupart des familles s'en servent, les enfants comme les parents.

Mais attention ! Il y a aussi des pièges !

Comme vous avez appris à vos enfants à circuler en ville, à se conduire en société, apprenez-leur à naviguer sur internet, à éviter les arnaques et les déconvenues en tous genres. Faites-en des surfeurs avertis.

D'abord, vous devez savoir que les distributeurs de contenus violents ou pornographiques sont obligés d'utiliser des moyens qui empêchent les mineurs d'avoir accès à ces contenus.

Ensuite, «chatter» avec des copains ou des inconnus, participer à des forums, caché derrière un pseudonyme, c'est marrant, les adolescents adorent ça. Mais derrière un nom rigolo peut se cacher un individu peu recommandable.

De plus, on ne peut pas dire n'importe quoi sur internet. Les propos injurieux ou racistes sont punis par la loi.

Enfin, apprenez aux enfants à ne pas donner leur adresse (courriel) ni la vôtre à tout le monde, à ne pas répondre aux «spams» (pourriels au Québec). Il existe des filtres à spams gratuits, SpamNet par exemple et un site d'information : www.caspam.org.

Bientôt, vos enfants utiliseront internet sur leur téléphone mobile, hors de votre surveillance. Dès maintenant, donnez-leur de bonnes habitudes.

D'après *Okapi* – Le forum des droits sur l'internet.

**1.** L'internet est-il sans inconvénient ? Donnez des exemples.

......................................................................................................................................

......................................................................................................................................

**2.** Quel est le prochain développement de l'internet ?

......................................................................................................................................

......................................................................................................................................

**3.** Faites le bilan de votre utilisation de l'internet sur une semaine : travail, rencontres, recherche documentaire, échanges avec des amis, «chatt», etc.

......................................................................................................................................

......................................................................................................................................

# Grammaire

**6** **Indicatif ou subjonctif ? Reliez les deux parties de la phrase.**

**a.** Il est évident

**b.** Aujourd'hui, ce n'est pas rare

**c.** Pour ce rôle, il vaut mieux

**d.** À 18 heures, il n'est pas certain

**e.** Mon copain voudrait

**1.** qu'un ado sache mieux utiliser l'internet que son père ou sa mère.

**2.** qu'elle soit rousse.

**3.** que je fasse des photos de mode.

**4.** que tu ne dois pas répondre à cette annonce.

**5.** que je puisse venir te chercher.

**7** **L'expression du temps. Complétez le texte avec la préposition qui convient : *en – dans – pendant*.**

............................. trois jours, je commence un stage de danse d'un semestre avec Mario. C'est génial ! ............................. six mois, je vais danser tous les jours et avec un prof super en plus. Avec lui, je suis sûre de faire des progrès ............................. quelques semaines. Après, ............................. un an, si tout marche bien, j'intégrerai une jeune troupe espagnole et nous partirons ............................. un an en Argentine pour monter un spectacle de tango.

**8** **Faites une phrase avec chacune de ces expressions : *en deux heures – pendant deux heures – dans deux heures – à deux heures*.**

...................................................................................................................................

...................................................................................................................................

...................................................................................................................................

**9** **Quelles sont les phrases qui ont le même sens ?**

**a.** Je répéterai les explications tant que vous n'aurez pas compris.

**b.** Je reste ici jusqu'à ce que la pluie s'arrête.

**c.** Tant qu'elle a de la fièvre et qu'elle tousse, je la garde à la maison.

**d.** Je reste ici tant que la pluie continue de tomber.

**e.** Je reste ici pendant que la pluie tombe.

**f.** Je répéterai les explications parce que vous n'avez pas compris

**g.** Je répéterai les explications jusqu'à ce que vous ayez compris.

**h.** Aussi longtemps qu'elle a de la fièvre et qu'elle tousse, je la garde à la maison.

**i.** Je reste ici jusqu'au moment où la pluie s'arrête.

**j.** Je la garde à la maison avant qu'elle ait de la fièvre.

# Civilisation

**10** **Lisez le texte et répondez aux questions.**

## LES SORCIÈRES

Au Moyen Âge, beaucoup de choses faisaient peur : les maladies, les mauvaises récoltes, les tempêtes, la foudre, les gens difformes, les cheveux roux, les coïncidences… et tout ce qui n'était pas dans la norme sociale et religieuse. On se méfiait des femmes, jeunes ou vieilles, quand elles étaient seules (orphelines ou veuves, sans famille) et pauvres.

En vivant dans les bois et les champs, hors des règles collectives, au contact de la nature et des animaux, ces femmes apprenaient à connaître les herbes sauvages. Ce savoir leur donnait la possibilité de soigner et parfois de guérir leurs voisins. Elles devenaient alors dangereuses pour l'Église car elles affaiblissaient son pouvoir. Ces guérisseuses étaient aussi les rivales des médecins. Dans l'imaginaire populaire, elles possédaient des pouvoirs magiques mais, si, par malheur, leurs plantes ne guérissaient pas le malade ou s'il y avait un nouveau-né mal formé dans le village, ces pouvoirs magiques étaient considérés comme maléfiques. La plus petite rumeur, le plus petit soupçon provoquait la chasse aux sorcières. De la fin du XV^e siècle jusqu'au début du XVII^e, des milliers de femmes ont été arrêtées, torturées et brûlées comme «sorcières» en France, en Allemagne et dans l'Europe de l'Est. Comme elles «avouaient» leurs crimes et dénonçaient d'autres «sorcières», ce n'était pas près de s'arrêter.

Que leur reprochait-on ? De jeter des sorts, de faire des maléfices, de tuer des enfants…

La sorcière fait aujourd'hui partie de l'imaginaire collectif. C'est un personnage toujours présent dans les contes pour enfants. À quoi les reconnaît-on ? À leurs doigts crochus, leurs yeux perçants, leur bouche édentée, leurs cheveux pendants et sales, aux boutons sur le visage, à leur rire démoniaque. Où les trouve-on ? Dans les lieux isolés : forêts, marais, à l'écart du village. Comment se déplacent-elles ? À cheval sur un balai. Que portent-elles ? Un grand chapeau noir pointu. De quoi se servent-elles ? D'un chaudron, d'une baguette magique, de cornues, de philtres, de poudres. Les crapauds baveux, les serpents de toutes les couleurs, les oiseaux de nuit, les chats noirs sont leurs compagnons.

Que font-elles ? Des réunions de sorcières (des sabbats), des messes noires, des cérémonies sataniques.

En la revendiquant comme une des leurs, les féministes des années 1970 l'ont réhabilitée.

**1.** Pourquoi les gens avaient peur des sorcières au Moyen Âge ?

.................................................................................................................................

**2.** Pourquoi les femmes guérisseuses étaient rejetées par l'Église et les gens de pouvoir ?

.................................................................................................................................

**3.** Une recette de sorcière. Complétez le texte avec des mots du texte :
Dans un grand ...................., faites bouillir un ou deux .................... colorés, ajoutez des .................... cueillies au coucher du soleil, mélangez et laisser cuire toute la .................... .
Le lendemain matin, ajouter de .................... de crapaud. Remuez. Laissez reposer jusqu'à la pleine lune. Ensuite donnez-en à ceux qui veulent être amoureux. C'est un .................... d'amour.

# Je suis vraiment ravie que tu viennes

## Compréhension et expression orales

**1** 🎧 Écoutez, retrouvez les quatre erreurs et corrigez-les.

.................................................................................................................................................

.................................................................................................................................................

.................................................................................................................................................

.................................................................................................................................................

.................................................................................................................................................

.................................................................................................................................................

.................................................................................................................................................

.................................................................................................................................................

.................................................................................................................................................

.................................................................................................................................................

.................................................................................................................................................

## Phonétique, rythme et intonation

**2** 🎧 Écoutez et écrivez les mots qui sont répétés.

**a.** .........................................................................................................................................

**b.** .........................................................................................................................................

**c.** .........................................................................................................................................

**d.** .........................................................................................................................................

**e.** .........................................................................................................................................

**3** 🎧 Écoutez et complétez.

– Mon amie s'................ Alix Murat. Nous nous ................ Eva et Xavier Herbert. J'................?

– Alix ................ du Fendant. Et vous? Vous en ................ quelquefois?

– Xavier ................ toutes les publicités mais moi, je ne ................ rien. Et vous, est-ce que vous ................ quelque chose?

# Compréhension et expression écrites

**4** **Lisez ce texte et répondez aux questions.**

Au Moyen Âge, <u>la Confédération helvétique</u> fait partie du Saint Empire romain germanique. Certaines <u>cités</u> comme Zurich et Berne sont cependant des villes libres. Au XIIIᵉ siècle, les représentants de trois communautés de l'est du pays sont mécontents de la gestion de l'Empire. Alors, <u>ils concluent un pacte</u> : ils décident de toujours s'aider et de se soutenir. C'est le début de la Confédération. Le XIVᵉ siècle est le siècle des luttes <u>victorieuses</u> contre l'Empire. Après la bataille de Marignan (1515), où la Suisse <u>est dans le camp </u>des vaincus, elle signe une alliance avec le roi de France et <u>se retire de</u> la scène politique internationale. Elle devient un pays neutre. Au XXᵉ siècle, un citoyen suisse va créer la Croix-Rouge. Aujourd'hui, la Suisse accueille de nombreux <u>organismes</u> humanitaires internationaux. La coexistence de plusieurs groupes linguistiques et confessionnels est une des réussites de ce petit pays.

**a.** Donnez des synonymes des mots ou des expressions soulignés.

..............................................................................................................................

..............................................................................................................................

**b.** Quel est le plus grand succès de la politique suisse ?

..............................................................................................................................

..............................................................................................................................

**c.** Racontez en quelques lignes la naissance de votre pays.

..............................................................................................................................

..............................................................................................................................

..............................................................................................................................

..............................................................................................................................

..............................................................................................................................

..............................................................................................................................

# Grammaire

**5** **Complétez librement par une phrase au subjonctif.**

**a.** Au Moyen Âge, les gens avaient peur que ......................................................................

**b.** Aujourd'hui, on craint que .........................................................................................

**c.** Les scientifiques doutent que ....................................................................................

**d.** Les enfants sont heureux que ....................................................................................

**e.** Les parents sont fiers que .........................................................................................

**6** **Transformez ces phrases de façon à utiliser *bien que*.**

*Exemple : Elle part en Chine mais elle ne connaît pas le chinois.*
→ *Elle part en Chine bien qu'elle ne connaisse pas le chinois.*

**a.** Je suis sortie malgré la pluie.

→ ........................................................................................................................

**b.** Il sera à l'heure en dépit des embouteillages qu'il y a sur le périphérique.

→ ........................................................................................................................

**c.** Nous aimons beaucoup la mer mais nous ne savons pas nager.

→ .................................................................................................................................

**d.** Elle n'a pas réussi son examen malgré les efforts qu'elle a faits.

→ .................................................................................................................................

**e.** Vous allez chez lui souvent, pourtant, vous ne l'aimez pas beaucoup.

→ .................................................................................................................................

**7** **Complétez le dialogue par la conjonction qui convient : *parce que ou puisque.***

– Je me dépêche ..................... j'ai rendez-vous chez le dentiste à 17 h 30.

– ..................... tu vas chez le dentiste, tu peux poster cette lettre pour moi, s'il te plaît ?

– Bien sûr je vais le faire ..................... tu me le demandes si gentiment !

– Merci beaucoup, je ne veux pas sortir ..................... Marta doit passer me voir.

– Ah ! Je ne savais pas que Marta était à Paris. Je la verrai peut-être à mon retour.

– Ça m'étonnerait ..................... qu'elle repart cet après-midi à Toulouse.

– Bon, dans ce cas, ..................... j'ai peu de chance de la voir, embrasse-la pour moi.

**8** **Dans ces phrases, soulignez le verbe quand il est à la forme impersonnelle.**

**a.** Vous êtes en avance pour aller le chercher, il n'arrive qu'à 8 heures.

**b.** Depuis ce matin, il n'arrive que des embêtements.

**c.** Il reste trois jours à Venise.

**d.** Il reste trois euros dans la caisse.

**e.** Je ne sais pas ce qu'il se passe dans cette maison !

**f.** Il se passe très bien de télé quand il est passionné par un livre.

**9** **Mettez les verbes à la forme impersonnelle.**

**a.** Des choses bizarres se disent sur cet endroit. ...............................................................

**b.** Beaucoup d'enfants viennent dans ce jardin. ...............................................................

**c.** Peu de voitures passent sur ce chemin. ...............................................................

**d.** Les métros arrivent toutes les trois minutes en moyenne. ...............................................................

**e.** Deux ou trois œufs suffisent pour faire une quiche. ...............................................................

**10** **Complétez avec *plusieurs* ou *quelques*.**

**a.** Les ..................... jours passés ensemble étaient bien agréables.

**b.** J'ai rapporté ces ..................... souvenirs de mon voyage en Italie.

**c.** Arrête ! Tu me l'as déjà dit ..................... fois !

**d.** Elle parle ..................... langues sans difficultés.

**e.** Il a beaucoup de disques de musique classique mais seulement ..................... CD de chansons.

# Civilisation

**11** **Lisez ce texte et répondez aux questions.**

## L'ORIGINE DU FRANÇAIS

La langue française d'aujourd'hui est le résultat d'une longue évolution. D'abord, il y a eu le gallo-romain, une langue qui mélangeait la langue gauloise du peuple celte et le latin des Romains, aux premiers siècles.

Puis, il y a eu les invasions de guerriers venus du nord et de l'est. Les Francs sont les derniers envahisseurs germaniques. Ils donnent leur nom à la France mais pas leur langue. Toute la Gaule (ancien nom de la France) parle alors un latin populaire, oral : c'est le roman. Il se diversifie en de nombreux dialectes au nord et au sud de la France.

Au Moyen Âge, ces dialectes se classent en deux grandes catégories : au nord de la Loire, les dialectes d'oïl (manière de dire «oui») et au sud, les dialectes d 'oc (autre manière de dire «oui»).

Un dialecte du nord, le francien, parlé en Île-de-France, territoire royal, va supplanter les autres et devenir le français.

Du IX$^e$ au XIII$^e$ siècle, on parle l'ancien français.

Du XIII$^e$ au XVII$^e$ siècle, on parle le moyen français. En 1635, Richelieu fonde l'Académie française et impose sa politique à toute la France.

À partir du XVII$^e$ siècle, on parle le français moderne.

En 1789, les révolutionnaires, par souci d'ordre et d'égalité, maintiennent l'unité linguistique du pays. À la fin du XIX$^e$ siècle, l'école, obligatoire, gratuite et laïque, achève leur œuvre.

C'est seulement à la fin du XX$^e$ siècle que le gouvernement français reconnaît et soutient les langues régionales parlées en France.

Au cours des siècles, sous l'influence de l'histoire, des migrations, de l'évolution des mœurs et des métiers, de l'économie, le français s'est enrichi de nombreux mots d'origine étrangère. Et cela continue.

**1.** L'unité linguistique de la France a-t-elle toujours existé ? Justifiez votre réponse

........................................................................................................................................

**2.** À partir du XVII$^e$ siècle, tous les «gouvernements» ont cherché à imposer le français à tous. Dans quel intérêt et avec quel désavantage ?

........................................................................................................................................

**3.** Peut-on protéger une langue ? Imaginez quelques moyens.

........................................................................................................................................

**4.** Recherchez dans votre dictionnaire l'origine des mots suivants :
une armada – une banane – un banc – une capitale – un jury – du kaolin – un kiosque.

# Le tiercé gagnant :
# le 14, le 7 et le 3

## Compréhension et expression orales

**1** 🎧 Écoutez ces journalistes et dites de quel sport il s'agit.

a. ...................................................................................................................

b. ...................................................................................................................

c. ...................................................................................................................

d. ...................................................................................................................

## Phonétique, rythme et intonation

**2** 🎧 Écoutez et écrivez la voyelle manquante.

B.........ll a une all.........re très rap.........de. Il a bien cour.......... Le verd.........ct est rend..........: B.........ll a vainc.........., il a ré.........ss......... sa première course.

**3** 🎧 Écoutez et relevez les mots qui contiennent :

– le son [y] : ....................................................................................................

– le son [i] : .....................................................................................................

## Phonie-graphie

**4** 🎧 Écoutez et écrivez les mots où vous entendez le son [o].

.............................................................................................................................

.............................................................................................................................

.............................................................................................................................

.............................................................................................................................

.............................................................................................................................

.............................................................................................................................

.............................................................................................................................

.............................................................................................................................

# Compréhension et expression écrites

**5** **Lisez et répondez aux questions.**

---

GRAND JEU DES QUATRE CŒURS
Règlement n° 102 – service des gros lots et des cadeaux

**1** Du 22/12/06 au 31/08/07, SUISMART France (société de vente par correspondance) organise une loterie avec prétirage intitulée « Grand jeu des quatre cœurs ».

**2** La participation au jeu est gratuite et sans obligation d'achat.

**3** Toute personne majeure ayant reçu les documents de participation au jeu peut jouer.

**4** Pour participer, les clients doivent retourner leur bulletin de participation avant le 31/08/07. Les personnes qui en profitent pour commander pourront également enregistrer leur participation par courrier, téléphone, internet ou minitel.

**5** Dans le cas où le gagnant ne validerait pas sa participation avant la date de clôture du jeu, son lot ferait l'objet d'un deuxième tirage au sort parmi les participations enregistrées.

**6** Le lot sera remis au gagnant au maximum trois mois après la date de clôture.

**7** Le règlement du jeu peut vous être adressé sur simple demande.

**8** Le gagnant accepte la publication de ses nom, photo, lieu de naissance dans les documents publicitaires de SUISMART et la presse, sauf s'il renonce à son lot.

**9** SUISMART ne sera pas tenu responsable des modifications partielles ou totales qui peuvent arriver à ce jeu.

---

|  | Vrai | Faux |
|---|---|---|
| **a.** Il est possible de jouer à ce jeu sans commander quelque chose. | ❏ | ❏ |
| **b.** On peut s'inscrire par téléphone, internet ou minitel. | ❏ | ❏ |
| **c.** Le gagnant aura son cadeau en décembre 2007. | ❏ | ❏ |
| **d.** Tout participant aura son nom dans la presse. | ❏ | ❏ |
| **e.** Les cadeaux non retirés sont remis en jeu. | ❏ | ❏ |
| **f.** Il faut avoir 18 ans pour participer au jeu. | ❏ | ❏ |

**6** **Expliquez les règles d'un jeu de cartes que vous connaissez.**

.................................................................................................................
.................................................................................................................
.................................................................................................................
.................................................................................................................
.................................................................................................................
.................................................................................................................
.................................................................................................................
.................................................................................................................
.................................................................................................................

# Grammaire

**7** **Choisissez le mode (indicatif ou subjonctif) qui convient.**

a. Il me semble que les courses de chevaux *(être)* ............................ très populaires.

b. Je souhaite que ce cheval *(faire)* ............................ une belle course.

c. J'espère que tu *(ne pas aller)* ............................ perdre ton temps sur les champs de courses.

d. Elle n'est pas certaine qu'il *(pouvoir)* ............................ monter à cheval demain.

e. Il semble qu'on *(ne pas savoir)* ............................ encore le résultat de la course.

**8** **Reliez ces deux phrases par le pronom *dont*.**

*Exemple : Je regarde souvent la chaîne Arte. Les programmes d'Arte sont très intéressants.*
→ ***Je regarde souvent la chaîne Arte dont les programmes sont très intéressants.***

a. J'ai aimé ce film. La musique de ce film est très originale.

→ ............................................................................................................................

b. N'oubliez pas de regarder ce téléfilm. La première partie de ce téléfilm passe ce soir.

→ ............................................................................................................................

c. Je suis amoureux d'une fille. Son prénom est Macha.

→ ............................................................................................................................

d. C'est un projet ambitieux. Son objectif est d'atteindre les 100 % de réussite.

→ ............................................................................................................................

e. Je suis en retard, ma sœur m'a prêté un réveil. L'alarme de ce réveil était cassée.

→ ............................................................................................................................

**9** **Faites l'accord des participes passés soulignés, si nécessaire.**

a. Elle s'est <u>perdu</u>........ dans l'hippodrome.

b. Ils se sont <u>trouvé</u>........ sur le champ de courses.

c. Les chevaux se sont <u>lancé</u>........ au galop sur la piste.

d. Les parieurs se sont <u>lancé</u>........ des regards méfiants.

e. Elles se sont <u>trouvé</u>........ des goûts communs.

**10** **Mettez ce texte au passé composé.**

Dimanche matin, Ludovic et Carmen vont à la brasserie Cassini. Ils s'installent à une table et tout en buvant un café ils se disputent pour savoir sur quels chevaux parier. Carmen se décide pour les numéros 7, 9 et 12. Ludovic se prend la tête entre les mains pour réfléchir. Carmen se moque de lui. Il s'énerve. Le serveur s'approche et leur dit : « Moi, je ne me casse pas la tête, je parie la date de naissance de ma grand-mère : le 12, le 10, le 20 : 12 octobre 1920. »

**11** **Trouvez une question correspondant à la réponse.**

a. ............................................................................................... ? – Non, pas toujours.

b. ............................................................................................... ? – Non, toujours pas.

# Civilisation

**12**   **Lisez ce texte et répondez aux questions.**

## LE TIERCÉ : UNE PASSION FRANÇAISE

Les courses de chevaux et les paris hippiques existent depuis longtemps. Mais autrefois, ils étaient la chasse gardée des bookmakers. Ce privilège transformait certains individus en parieurs professionnels et les paris étaient souvent des attrape-nigauds. Au mois de juin 1891, une loi va autoriser les paris sur les hippodromes (c'est le PMH). Elle légalise les courses et crée le principe de la mutualité, c'est-à-dire que les joueurs jouent les uns contre les autres et les gains sont partagés entre eux après qu'on a prélevé l'impôt. L'État retire des bénéfices énormes de ce dispositif. C'est la fin du parieur individuel et du bookmaker.

En 1930, une autre loi autorise les sociétés de courses à enregistrer des paris hors des hippo-dromes où elles ont lieu (c'est le PMU, le Pari mutuel urbain).

En 1954, on invente le tiercé. En 1956, a lieu la première retransmission télévisée du tiercé. C'est un succès immédiat.

Il n'est plus nécessaire de se déplacer à Longchamp ou Vincennes, on peut acheter son ticket dans les 8 200 points de vente qui existent en France et qui prennent les paris (bars, brasseries, boutiques spécialisées).

En 2003, plus de 5 milliards d'euros ont été redistribués aux 6,5 millions de parieurs.

Depuis 1968, on peut parier par téléphone et aujourd'hui bien sûr par minitel ou internet, ou sur son téléphone portable.

**a.** Trouvez dans le texte un synonyme de :

la chasse gardée : ....................................................................................................................

autoriser : ....................................................................................................................

les champs de courses : ....................................................................................................................

les gains sont partagés : ....................................................................................................................

prélever : ....................................................................................................................

enregistrer (un pari) : ....................................................................................................................

**b.** Trouvez dans le texte un autre mot de la même famille que «hippodrome».

....................................................................................................................

**c.** Est-ce qu'il y a une passion nationale dans votre pays. Expliquez-la.

....................................................................................................................

# Les trois souhaits

## Compréhension et expression orales

**1** 🎧 **Écoutez ces onomatopées et dites ce qu'elles signifient en une phrase très courte.**

...................................................................................................................................

**2** 🎧 **Écoutez et complétez.**

Un jour, un jeune homme se lamentait.

«Ah! Je voudrais qu'une bonne ..................... vienne m'aider. Avec sa baguette ....................., elle me rendrait heureux.» Aussitôt, apparaît une belle jeune fille qui lui dit: «Fais un ....................., je le réaliserai.» Le jeune homme ..................... et lui dit: «J'aimerais que la fille de la voisine soit amoureuse de moi.» «Puisque c'est ton ....................., je vais le réaliser mais d'abord, ferme les yeux et donne-moi .....................» Le jeune homme s'approche, la fée ..................... Il ferme les yeux et l'embrasse. Alors, la fée ..................... et c'est la fille de la voisine qu'il tient dans ses bras.

**3** **À vous, imaginez une histoire à partir de ces dessins.**

Il était une fois .......................................................................................................

...................................................................................................................................

...................................................................................................................................

...................................................................................................................................

...................................................................................................................................

...................................................................................................................................

...................................................................................................................................

# Compréhension et expression écrites

**4** **Dans cette lettre, il manque quelques mots ou expressions. En vous aidant du vocabulaire de la leçon 21, retrouvez-les.**

Ma ........................ Anne,

Je suis désolée, je ne suis pas libre le ........................ prochain. Samedi 20, c'est l'........................ de Paul, mon petit frère, il aura 20 ans, on fait une grande fête et j'ai promis de rester chez lui le lendemain.

Mais, la fin de semaine suivante, c'est possible, si toi tu es libre bien sûr, ou alors le mois prochain, avant Noël. Dis-moi ce qui ........................

Ici, à Strasbourg, il fait un temps bien doux pour la saison. On se croirait encore en ........................

Tu te rappelles Geneviève, la fille de la concierge du lycée ? Sa fille a épousé le fils du charcutier. Un beau ........................ ! Je te joins une ........................ Tu verras mon chapeau !

Il est possible que Pierre m'accompagne mais il se plaint qu'il a beaucoup de travail, qu'il n'a pas assez de temps, etc ........................ . Il est comme ton Yanis !

Comme je ........................ que tu habites si loin. Heureusement, il y a le TGV.

Je t'embrasse

Mélanie

........................ : Pierre transmet ses amitiés à Yanis.

**5** **Répondez aux questions.**

**a.** Quelle est la relation entre Anne et Mélanie, entre Pierre et Mélanie, entre Anne et Yanis ?

........................................................................................................................

**b.** Est-ce que Mélanie est allée au mariage de la fille de Geneviève ? Justifiez votre réponse.

........................................................................................................................

**c.** Quelle est la date probable de cette lettre ?

........................................................................................................................

**d.** Dans quelle région habite Mélanie ?

........................................................................................................................

**6** **Vous êtes Anne et vous répondez à Mélanie. Utilisez le vocabulaire des leçons précédentes.**

........................................................................................................................

........................................................................................................................

........................................................................................................................

........................................................................................................................

........................................................................................................................

........................................................................................................................

........................................................................................................................

........................................................................................................................

........................................................................................................................

........................................................................................................................

# Grammaire

**7** **Complétez les phrases suivantes avec les temps qui conviennent.**

**a.** Si j'avais le temps, j'*(aimer)* ..................... écrire des romans.

**b.** Si tu *(passer)* ..................... par la Suisse, tu pourras m'acheter des chocolats ?

**c.** Si nous partons maintenant, nous *(être)* ..................... à l'heure.

**d.** Elle paraîtrait plus jeune si elle *(se couper)* ..................... les cheveux.

**e.** Si tu étais d'accord, nous *(aller)* ..................... vivre au bord de la mer.

**8** **Que feriez-vous si on vous donnait immédiatement quinze jours de vacances ?**

.........................................................................................................................

.........................................................................................................................

**9** **Reliez les deux parties de la phrase.**

**a.** Je ne te le dirais pas             **1.** même s'il neigeait.

**b.** Si tu étais plus grand             **2.** si tu m'en offrais un.

**c.** Même si tu regrettes tes paroles      **3.** même si tu me suppliais.

**d.** Nous viendrions pour Noël         **4.** tu pourrais voyager seul.

**e.** Je prendrais bien un café          **5.** je ne peux pas te pardonner.

**10** **Remettez ces phrases en ordre.**

**a.** connu/J'ai/votre sœur/bien

.........................................................................................................................

**b.** Nous/beaucoup/avons/mangé

.........................................................................................................................

**c.** trop/Les enfants/regardé/la télévision/ont

.........................................................................................................................

**d.** Il/à ses parents/raconté/tout/a

.........................................................................................................................

**e.** mal/Vous/jugé/cette personne/avez

.........................................................................................................................

**11** **Donnez les adverbes correspondant aux adjectifs suivants.**

**a.** joli → .....................    absolu → .....................    vrai → .....................

**b.** lent → .....................    particulier → .....................

**12** **Retrouvez l'adverbe ou l'adjectif correspondant.**

**a.** poliment                 → .....................

**b.** ..................... → assidu(e)

**c.** ..................... → naturel(le)

**d.** patiemment             → .....................

**e.** ..................... → élégant

# Civilisation

**13** **Lisez ce texte.**

## CONTES ET FABLES

Les contes, les fables, les légendes se ressemblent. Ces histoires racontent des aventures imaginaires destinées à distraire mais aussi à éduquer. Les fables, en particulier, souvent écrites en vers, se terminent par une morale. Les plus célèbres sont celles de Jean de La Fontaine.

Jean de La Fontaine naît en 1621 en Champagne. Son père juge et administre tout ce qui concerne les eaux et forêts de la région. Toute sa vie La Fontaine sera influencé par ce milieu rural et la vie dans la nature.

En 1658, il s'installe à Paris et commence à composer des poèmes. Il est protégé et aidé par le célèbre ministre de Louis XIV : Nicolas Fouquet. Hélas, en 1661, Fouquet est arrêté pour vol et La Fontaine quitte Paris pour le Limousin. Il revient en 1665 dans la capitale et rédige de nombreux contes et ses fables les plus connues. Jusqu'en 1692, il mène une vie mondaine, brillante. Il rencontre Boileau, Racine, Molière, Mme de La Fayette, Mme de Sévigné. Il participe aux grands événements littéraires, il est membre de l'Académie.

Il meurt en 1695.

Voici quelques morales tirées des *Fables* de La Fontaine.
Expliquez-les en donnant des exemples.

**a.** Selon que vous serez puissant ou misérable
Les jugements de cour vous rendront blanc ou noir.
*(Les animaux malades de la peste)*

**b.** On a toujours besoin
d'un plus petit que soi.
*(Le Lion et le Rat)*

**c.** La raison du plus fort
est toujours la meilleure
Nous l'allons montrer tout à l'heure.
*(Le Loup et l'Agneau)*

**d.** Rien n'est si dangereux qu'un ignorant ami ;
Mieux vaudrait un sage ennemi.
*(L'Ours et l'Amateur des jardins)*

**e.** Tout flatteur, dit-on
vit aux dépens de celui qui l'écoute.
*(Le Corbeau et le Renard)*

# Ah ! Si j'étais elle…

## Compréhension et expression orales

**1** 🎧 **Écoutez ce poème de Charles Baudelaire.**

*L'invitation au voyage*

**a.** Relevez les verbes au conditionnel.

.................................................................................................................................

**b.** Dans quelle sorte de pays l'auteur veut-il partir ? Justifiez votre réponse.

.................................................................................................................................

**2** **Imaginez un pays, une île où vous voudriez emmener celui (celle) que vous aimez. Que lui diriez-vous ?**

.................................................................................................................................

.................................................................................................................................

.................................................................................................................................

.................................................................................................................................

.................................................................................................................................

.................................................................................................................................

.................................................................................................................................

.................................................................................................................................

.................................................................................................................................

.................................................................................................................................

.................................................................................................................................

.................................................................................................................................

## Phonétique, rythme et intonation

**3** 🎧 **Écoutez ces phrases. Quand vous entendez le son [s] ou le son [z], mettez une croix dans la case correspondante.**

|     | 1 | 2 | 3 | 4 | 5 |
|-----|---|---|---|---|---|
| [s] |   |   |   |   |   |
| [z] |   |   |   |   |   |

# Phonie-graphie

**4** 🎧 Écoutez et écrivez les mots où on entend le son [s] ou le son [z].

**a.** ................................................................................................

**b.** ................................................................................................

**c.** ................................................................................................

# Compréhension et expression écrites

**5** **Complétez avec ces mots : retard – excuse – mensonge – récompense – silence – raison.**

**a.** Chaque fois qu'elle dit un ........................, elle rougit.

**b.** Il a reçu le premier prix d'interprétation, il s'agit là d'........................ prestigieuse.

**c.** Monsieur le directeur vous cherchait. Où étiez-vous ? Votre ........................ est tout à fait regrettable.

**d.** Mon ami(e) arrive aujourd'hui, c'est une bonne ........................ pour nettoyer l'appartement.

**e.** Je suis désolé d'être en retard. Mon réveil n'a pas sonné. je sais que c'est une mauvaise ........................ mais c'est la vérité.

**f.** C'est vous qui avez fait ça ? Vous ne répondez pas. Voilà ........................ révélateur !

**6** **Complétez avec le verbe qui convient : s'allonger – s'enfuir – se glisser – souffrir.**

**a.** Aux douze coups de minuit, Cendrillon ........................ .

**b.** Sans bruit, il ........................ hors de la chambre.

**c.** Quand il fait chaud, elle ........................ sur le sable et fait une longue sieste.

**d.** Avec ces chaussures neuves, elle ........................ abominablement.

# Grammaire

**7** **Dites si le conditionnel exprime un irréel (IR), une condition (C) ou une incertitude (IN).**

**a.** Si les Français conduisaient moins vite, il y aurait moins d'accidents sur les routes. ...............

**b.** Si je pouvais faire ça, je serais un génie ! ...............

**c.** Les résultats seraient défavorables au président sortant. ...............

**d.** On serait des monstres et on ferait peur à tout le monde. ...............

**e.** Si tu es capable de lire la carte, nous arriverons avant la nuit. ...............

**8** **À votre tour, écrivez une phrase montrant chacune une des valeurs du conditionnel.**

**a.** la condition : ................................................................................................

**b.** la politesse : ................................................................................................

**c.** l'incertitude : ................................................................................................

**d.** l'irréel du présent : ...................................................................................................................................

**e.** l'hypothèse : ...........................................................................................................................................

**9** **Lisez ces phrases, prononcez-les et soulignez le *s* de *tous* quand il est entendu.**

**a.** Tous les étudiants sont arrivés.

**b.** Tous ces journaux disent la même chose !

**c.** Ils m'ont tous accompagné à la gare.

**d.** Tous se souvenaient des paroles de la chanson.

**e.** Ne croyez pas tous leurs mensonges.

**10** **Choisissez l'expression qui convient *tant de* ou *tant*.**

**a.** ........................... monde dans le métro un dimanche matin ! Ce n'est pas normal !

**b.** Elle connaît ........................... gens à Paris, je suis sûr qu'elle pourra t'aider.

**c.** J'ai vu ce film cinq fois, je l'aime ........................... !

**d.** Nous connaissons l'histoire de Tante Jeanne par cœur ! Nos parents nous l'ont ...........................
et ........................... répétée quand on était jeunes !

**e.** Je ne pensais pas qu'on pouvait manger ........................... chocolat sans être malade.

**11** **Dans quelles phrases *dont* veut dire *parmi lesquels* ?**

**a.** Écoute, c'est la chanson dont tout le monde parle.

**b.** J'ai sélectionné dix chansons dont trois de Gainsbourg.

**c.** Tout le monde connaît la chanson dont le refrain commence par «Si tous les gars du monde...»

# Civilisation

**12** **Lisez ce texte et répondez aux questions.**

## L'AMOUR !

Source d'inspiration des poètes et des chanteurs, l'amour est aussi le sujet privilégié des magazines féminins : on veut le comprendre, voire l'expliquer scientifiquement. À l'approche de l'été, chaque journal propose de le tester en 30, 40 ou 50 questions :

«Êtes-vous amant(e) ou ami(e)?», «Quel couple formez-vous?», «Êtes-vous compatible?», «Que seriez-vous prêt(e) à faire par amour?»

Dans une chanson célèbre, *L'Hymne à l'amour*, Édith Piaf répond à cette dernière question en disant qu'elle «irait jusqu'au bout du monde», «qu'elle se ferait teindre en blonde» (elle était brune).

«La mesure de l'amour, c'est d'aimer sans mesure», disait saint Augustin.

Avec 436 millions d'exemplaires vendus, les magazines «dits» féminins occupent une place importante dans la presse écrite. Ils peuvent être hebdomadaires comme les titres *Elle* ou *Femme actuelle* ou mensuels comme *Prima, Avantages, Marie-Claire, Cosmopolitain*. Même si les lectrices les plus assidues leur reprochent de s'adresser surtout à un type de femme, jeune, aisée et parisienne, elles continuent de l'acheter. «Je lis aussi des journaux d'information, dit Marianne, mais mon magazine c'est ma bouffée de rêve, ma part de futilité.» «Moi, j'en lis au moins trois ou quatre par semaine, ajoute Tina, j'en achète un, mais avec les copines, on les échange et je ne suis pas la seule à le lire à la maison ! Avec mon copain, ça nous permet d'aborder des sujets intimes, de poser des questions, ça l'énerve un peu mais je sais qu'il le lit aussi.»

**1.** À votre avis, pourquoi lit-on ces magazines ?

..................................................................................................................................

..................................................................................................................................

**2.** Que pourriez-vous faire de drôle ou de bizarre ou d'excessif par amour ?

..................................................................................................................................

..................................................................................................................................

# Avec des si...

## Compréhension et expression orales

**1** 🎧 **Écoutez et répondez.**

**a.** – Tu as vu mes cheveux ! C'est affreux ! Qu'est-ce que je pourrais faire ?

– ...........................................................................................

...........................................................................................

**b.** On me propose un travail à 350 km de chez moi. Qu'est-ce que tu ferais à ma place ?

– ...........................................................................................

...........................................................................................

**c.** J'ai quinze jours de vacances et une prime de fin d'année. Tu irais où, toi ?

– ...........................................................................................

...........................................................................................

**2** 🎧 **Un coup de téléphone publicitaire. Écoutez et répondez aux questions.**

**a.** Quel est le but du vendeur ?

...........................................................................................

...........................................................................................

...........................................................................................

**b.** Quelle est la réaction de Mme Paoli ?

...........................................................................................

...........................................................................................

...........................................................................................

**c.** Est-ce que Mme Paoli partira au Maroc ? Que doit-elle faire pour ça ?

...........................................................................................

...........................................................................................

...........................................................................................

...........................................................................................

...........................................................................................

## Phonétique, rythme et intonation

**3** 🎧 **Écoutez et répétez les mots où se trouve le son [jø].**

**4** 🎧 **Écoutez et répétez.**

# Compréhension et expression écrites

**5** **Lisez et répondez aux questions.**

> Toulouse, le 1ᵉʳ décembre
>
> *Ma chère Marta,*
>
> *Oh! là, là, je te plains. Je connais un peu la mère de Romain, elle n'est pas facile, mais tu ne vas pas te laisser faire, ce n'est pas ton style. Je crois qu'elle sera ravie de voir Paco, il est adorable. C'est son premier petit-fils ! Si elle s'occupe de lui, si elle le promène, elle te sera reconnaissante de ta confiance. Pendant ce temps-là, tu auras un peu de temps libre.*
>
> *Moi, j'ai beaucoup de chance. La mère de Lucas, Bonne-maman, qui habite juste à côté, est un ange. Elle est gentille et discrète. En fait, on s'entend très bien. Je crois même qu'elle passe de meilleurs moments avec moi qu'avec sa fille. On parle peu de la famille, elle me raconte surtout sa vie de femme au foyer et la vie des femmes d'autrefois. Elle trouve que j'ai raison de vouloir travailler. Elle est très étonnée de voir Lucas s'occuper de la cuisine, du ménage ; elle pense que c'est très bien. Moi aussi, j'espère qu'on passera ensemble le réveillon. On peut vous loger tous les trois à condition que tu me préviennes et ce serait l'occasion de faire se rencontrer Paco et Lucie.*
>
> *Tu me raconteras comment s'est passé le séjour de ta Mamie Françoise !*
>
> *Je t'embrasse*
>
> *Laurence*

**1.** Vrai ou faux ?

|  | Vrai | Faux |
|---|---|---|
| a. Lucas a une sœur. | ☐ | ☐ |
| b. Mamie Françoise est la mère de Romain. | ☐ | ☐ |
| c. Bonne-maman est la belle-mère de Laurence. | ☐ | ☐ |
| d. Bonne-maman n'habite pas Toulouse. | ☐ | ☐ |

**2.** Qui sont Paco et Lucie ?

**3.** Expliquez l'expression : « Tu ne vas pas te laisser faire. »

**4.** Pourquoi Laurence a-t-elle de la chance ?

# Grammaire

**6** **Ces phrases qui commencent toutes par *si* ont-elles le même sens ?**

**a.** S'il neige, nous ferions mieux de prendre le train.

**b.** Si tu enlèves la neige devant la porte du garage, je pourrai sortir la voiture.

**c.** S'il neige à Marrakech, je t'offre le voyage !

**7** **Mettez les propositions de l'exercice 6 commençant par *si* à l'imparfait et faites la concordance des temps.**

**8** **Reliez les deux parties de la phrase**

**a.** Moins pressé

**b.** En montant sur ce mur

**c.** Sans leur aide

**d.** Téléphonez-moi

**e.** Nous irons en voiture

**1.** à condition qu'elle soit réparée.

**2.** en cas de besoin.

**3.** nous pourrions voir le défilé.

**4.** tu aurais vu cette affiche dans la rue.

**5.** il serait encore au chômage.

**9** **Choisissez la forme qui convient.**

**a.** Il veut bien partir à l'étranger *(à condition de/à condition que)* sa famille l'y rejoigne.

**b.** Je te prête mon ordinateur *(à condition de/à condition que)* tu me le rendes ce week-end.

**c.** Nous serons à Bordeaux à midi *(à condition de/à condition que)* partir de bonne heure.

**d.** Je te raconte cette histoire *(à condition de/à condition que)* tu la gardes pour toi.

**e.** Vous ne pourrez avoir ce travail qu'*(à condition de/à condition que)* être trilingue.

**10** **Répondez aux questions en utilisant des pronoms personnels à la place des mots soulignés.**

**a.** Vous offrez <u>ce vélo</u> à <u>Romain</u> à Noël ? Oui, ................................................ .

**b.** La baby-sitter emmène <u>les enfants</u> à <u>la piscine</u> le jeudi ? Non, ................................ le mercredi.

**c.** Est-ce que tu prêtes <u>ta voiture</u> à <u>ta sœur</u> parfois ? Oui, ................................ mais pas souvent.

**d.** Le professeur distribue <u>les photocopies</u> <u>aux étudiants</u> au début du cours ? Oui, ................................ .

**e.** Est-ce que tu achèteras <u>le journal</u> pour <u>la voisine</u> ? Oui, bien sûr, ................................ .

**11** **Remettez ces phrases en ordre.**

**a.** Mariko/donnés/lui/a/les

**b.** le/ai/souvent/Je/leur/répété

**c.** lue/la/Nous/avons/leur

**d.** Je/rapporterai/lui/demain/la

**e.** montrées/Elle/a/les/nous

**12** **Reprenez les phrases de l'exercice 11 et imaginez de quoi ou de qui on parle. Écrivez les phrases. Attention au genre et au nombre des mots choisis.**

# Civilisation

**13** 🎧 **Les relations frères et sœurs. Écoutez ces témoignages et répondez aux questions.**

On dit souvent que les frères et les sœurs sont comme chiens et chats ou au contraire qu'ils sont comme les doigts de la main.

On discute aussi souvent des avantages et des inconvénients de l'enfant unique ou des grandes fratries.

**a.** Thomas, 12 ans, enfant unique

**b.** Katia, 16 ans, aînée de six

**c.** Emma, 7 ans, petite dernière après deux frères (12 et 14 ans)

**d.** Gilles et Lionel, jumeaux de trente-cinq ans

En France, le nombre d'enfants par famille, en moyenne, est de 1,91 enfant par femme. Ce nombre, insuffisant pour assurer le remplacement des générations, est cependant en hausse. La famille typique comprend deux enfants, si possible un garçon et une fille. Toutefois, les femmes françaises reconnaissent qu'elles auraient volontiers trois enfants à condition d'être aidées (crèches, salaire maternel, horaires de travail à la carte, partage des tâches, etc.).

**1.** Vous diriez que ces personnes sont : très contentes – plutôt contentes ou – pas contentes du tout, de leurs relations familiales ?

......................................................................................................................................

**2.** Dans votre pays, quelle est la taille moyenne d'une famille ?

......................................................................................................................................

**3.** Quel type de famille aimeriez-vous avoir ?

......................................................................................................................................

# Reproches

## Compréhension et expression orales

**1** 🎧 **Écoutez et dites à quel dessin correspond chaque dialogue.**

A

B

C

D

# Phonétique, rythme et intonation

**2**  Écoutez le texte et relevez les mots où on entend le son [k] et ceux où on entend le son [g].

[k] : ......................................................................................................................

[g] : ......................................................................................................................

# Compréhension et expression écrites

**3** **Le début de l'année, c'est, traditionnellement, le temps des bilans et des bonnes résolutions. Manon écrit dans son journal.**

> *5 janvier : J'aurais dû souhaiter une bonne année à la gardienne quand je l'ai croisée dans les escaliers. Désormais, je ferai plus attention aux gens près de qui je vis.*
>
> *J'aurais dû perdre du poids mais il y a trop de bonnes choses à manger. Dès demain, je vais suivre un régime et faire de l'exercice. Je vais me lever plus tôt et j'irai au travail à pied. J'aurais bien voulu demander une journée de congé à mon patron pour Noël mais je n'ai pas osé.*
>
> *C'est sûr, à Pâques, je lui demande. J'aurais dû continuer les cours de théâtre, c'était bien, je serais devenue moins timide. J'aurais dû emménager avec Boris, maintenant, il est fâché et il me manque. Je vais l'appeler et on va s'expliquer. Si j'avais eu moins peur de perdre mon indépendance, nous serions ensemble maintenant.*
>
> *D'après sa sœur, il aurait passé les fêtes seul. Peut-être qu'il m'aime encore, je vais l'inviter à dîner.*

Classez d'un côté les regrets de Manon et de l'autre ses résolutions.

......................................................................................................................

**4** **Faites la liste de tout ce que vous regrettez dans votre vie et la liste de tout ce que vous vous promettez de faire.**

......................................................................................................................

**5** **Complétez les dialogues par un reproche en utilisant le vocabulaire de la leçon :** *prendre un parapluie – prévenir – répéter – faire une réservation – dire.*

*Exemple : – Viens, on va s'abriter, c'est une grosse averse.*
→ *– Tu aurais dû/pu prendre un parapluie.*

**a.** – Le propriétaire m'a écrit, il n'est pas content.

   – C'est normal, tu .....................................................................................

**b.** – Attends-moi là, je vais faire la queue pour les billets.

   – Tu ................................................................................ le mois dernier.

**c.** – Tu as noté la date du concert ?

   – Non, je n'ai pas compris, tu ....................................................................

**d.** – Voilà la chambre, la cuisine et le cabinet de toilette.

   – Mais c'est tout petit. Vous ................................................ au téléphone !

# Grammaire

**6** Dans les phrases suivantes, dites si le conditionnel passé exprime un reproche (RP), un regret (RG) une condition (C) ou une incertitude (I).

**a.** Si tu avais surveillé la température du four, la quiche n'aurait pas brûlé. ................................

**b.** Vous auriez pu nous prévenir de votre retard. ................................

**c.** Elle aurait voulu faire le tour du monde en bateau. ................................

**d.** Ce quotidien aurait été racheté par un groupe de presse italien. ................................

**e.** Je vous aurais donné mon autorisation si vous m'aviez prévenu plus tôt. ................................

**7** Écrivez la réponse en utilisant les verbes entre parenthèses. Faites toutes les modifications syntaxiques nécessaires.

*Exemple : – Tu aurais pu coucher les enfants. (demander, faire)*
**→ – Si tu me l'avais demandé, je l'aurais fait !**

**a.** – La soirée a été horrible, n'est-ce pas ? *(savoir, ne pas venir)* → – Oui, ................................

**b.** – Tu n'as pas salué mes amis ! *(présenter, saluer)* → – ................................

**c.** – J'adore les huîtres, tu ne le savais pas ? *(dire, acheter)* → – ................................

**d.** – Tu habites au centre de Paris. *(avoir de l'argent, habiter)* → – Non, mais ................................

**8** Reliez les deux parties de la phrase.

**a.** S'il avait été plus gentil                    **1.** faire une carrière de chanteuse.

**b.** Elle aurait voulu                              **2.** m'aider à mettre la table !

**c.** C'est incroyable !                             **3.** sa femme ne l'aurait pas quitté.

**d.** Tu aurais pu                                   **4.** je n'aurais pas fait mieux.

**e.** Si j'avais été à ta place,                     **5.** Il serait tombé un mètre de neige dans la nuit.

**9** Complétez avec *en ce moment* ou avec *à ce moment-là*.

**a.** J'ai pris un café rapidement avec Théo, il a beaucoup de travail ................................

**b.** ................................ nous habitons rue des Pyrénées, dans le 19ᵉ.

**c.** Il y a un an, nous habitions à Nice, ................................, nous avions une petite maison avec un jardin.

**d.** Le quartier est complètement bouché avec les embouteillages ................................

**e.** Quand ma grand-mère était jeune, il n'y avait pas de métro ................................, les gens marchaient beaucoup.

# Civilisation

**10** **Lisez ce texte et répondez aux questions.**

## LA GALETTE DES ROIS

Comme beaucoup de fêtes en France, les fêtes du début de l'année ont une origine religieuse. Ainsi, le 6 janvier, pour la fête de l'Épiphanie, on a coutume de «tirer les rois», cela veut dire tirer au sort celui qui sera le roi de la fête. Le pluriel «tirer les rois» fait référence aux rois mages venus faire des présents à l'enfant Jésus.

C'est l'occasion pour la famille et les amis de se réunir autour d'un gâteau dans lequel on a caché une fève. Dans la partie nord de la France, c'est une galette fourrée d'une pâte d'amandes, la frangipane. Traditionnellement, c'est l'enfant le plus jeune de la famille qui doit se cacher sous la table et dire à qui sera donnée telle ou telle part de gâteau.

Celui ou celle qui trouve la fève devient le roi ou la reine de la fête. Il reçoit une couronne dorée en carton et doit choisir son roi ou sa reine. Cette fête très populaire est l'occasion aujourd'hui pour les boulangers de proposer des «galettes des rois» de décembre à fin janvier! Autrefois, la fève était simplement une fève, le légume; aujourd'hui, c'est souvent une figurine en céramique qui représente les héros à la mode ou des personnages de bandes dessinées. Trouver la fève est un gage de bonheur pour l'année à venir.

Quelques semaines plus tard, le 2 février, c'est la fête de la Chandeleur. Elle tire son nom des cierges (très grosses chandelles) bénits qu'on portait en procession pour la célébrer… Ce jour-là, on fait des crêpes et la tradition dit que si on les fait sauter très haut en tenant de l'or dans l'autre main, l'année sera prospère.

Les mois de janvier et de février sont les mois du Carnaval. C'est un temps de réjouissances profanes qui commence après l'Épiphanie (6 janvier) et se poursuit jusqu'au mercredi des Cendres. Le Carnaval se rattache à des rites anciens et traditionnels de la saison d'hiver, période durant laquelle les travaux des champs étaient arrêtés, ce qui donnait lieu à une vie sociale intense.

**1.** Est-ce qu'on tire les Rois toujours à la même date?

.................................................................................................................................

**2.** Est-ce que la Chandeleur tombe toujours le même jour?

.................................................................................................................................

**3.** Est-ce que le début de l'année est fêté dans votre pays? Comment?

.................................................................................................................................

N° de projet : 1011991- Dépôt légal : Mai 2006
Achevé d'imprimer en France sur les presses de Jouve, Paris - N° 399971H